Ivica Osim
1941-2022

オシムの遺産《レガシー》

IVICA OSIM'S LEGACY

彼らに授けたもうひとつの言葉

島沢優子

竹書房

序章

「子どものことをやれ」

この世を去って1年が経とうとしている。2003年から2007年という短い時間ながら、日本サッカー界に多大なる貢献をしたイビチャ・オシム（享年80）。ジェフユナイテッド市原・千葉をJリーグで優勝争いができるクラブにまで育て上げ、最後の2年弱は日本代表監督として躍動的なサッカーを見せてくれた。

よって、亡くなったのを機にこの本は書かれたに違いない。そう多くの方が思われるだろうが、実は違う。

私はスポーツ記者だった1990年代、ジェフを担当した。阿部勇樹がトップ昇格を決めたニュースなど多くの記事を書いた。その後フリーになり、教育関係をフィールドにしたのでオシムとはすれ違ってしまう。一度も会ったことはない。

一ファンとして外から見たオシムは、英雄だった。欧州の強豪クラブが欲した卓越した指導力はもちろん、機知に富んだ「オシムの言葉」は私たちに新鮮な感動と豊かな学びを与えた。

そんなころ、私はオシムの練習をつぶさに見ていた池上正と出会った。大阪YMCAで子どもを知り尽くし、大学の先輩だった祖母井《うばがい》秀隆に請われてジェフに来た男だ。ジェフの職員に育成を語れるスポーツ指導者を探している旨相談すると、「目から鱗が落ちる話しかしない」と池上を紹介された。

池上は自身の指導論に絡めながら、つかみ取ったオシムの言葉とその姿を生き生きと語った。なかでも「日本の選手は他人の言うことを聞き過ぎる。日本の選手はコーチが右に行けと言ったら、右に行く。ヨーロッパの選手はわざと左に行く」の言葉が印象に残る。別取材で耳にした欧州で子育てをした女性の言葉と重なったからだ。

「わが子がみんなと同じことをしたがると、日本の母親は安心する。欧州の母親は、個性や創造力を育む機会を自分が奪っているのかもと心配する」

日本の大人は子どもの主体性を育んでいない。オシムの薫陶を受けた池上となら解決の道を探れるかもしれない。そう感じた。すぐに池上初の著書『サッカーで子どもをぐんぐん伸ばす11の魔法』を企画構成した。

出来上がった原稿は、印刷所に行く前にオシムに渡った。読んでもらうべく三分の一ほどをドイツ語に翻訳して、関係者に託す算段をとったのだ。帯に感想を記したかった。

その過程でオシムは倒れた。

手に渡ったことは確かだが、目にしたかどうかはわからないままだ。そして、08年に刊行した池上の本は8万部のベストセラーになった。スポーツの指導書では類を見ない数字である。気づかせる、考えさせる、楽しませる、問いかけるといった11の指導手法は、日本の育成に間違いなく影響を与えたと思う。

本を読んだある男性が「この本がなかったら息子はサッカーをやめていました」と電話をくれた。期待するあまり過度にストレスをかけてしまったという。本にあった「サッカーは人生の縮図だ」というオシムの言葉をあげ「子どもの人生を奪うとこ……」。嗚咽で声が消えた。

これのみならず、人のこころを動かすオシムの力を度々実感した。かつては日本のサッカーを変えてくれるのではないかと、私たちは望みを託した。その夢が破れた後もW杯などの節目には「オシムは何と言うだろうか?」とその言説に耳を澄ませてきた。

だが、このまま堪能するだけでいいのだろうか。私たちは彼を味わい尽くして終わらせていいのか。そんな疑問とともに、ジェフのゼネラルマネージャー（GM）だった祖母井が言われたという言葉を思い出した。

「おまえは早く子どものことをやれ」

オシムは子どもたちと、日本のサッカーを気にかけていた。日本人の内面をあっという間に熟知し、育成はおろか教育における課題まで言い当てた。

オシムを詳しく知らない若者や指導者は増えている。この人の足跡と体温を未来に繋げなくては——そんな衝動に揺さぶられ、21年冬から取材を開始した。

かかわった人たちが、何をどう繋げようとしているのかを聞いて回ると、そこには「もうひとつのオシムの言葉」が存在した。各々が直接授かった「唯一無二の言葉」に、日本サッカーの未来を拓く鍵が隠されていたのだ。

これは未来の子どもたちのために書いた本である。

（全編敬称略）

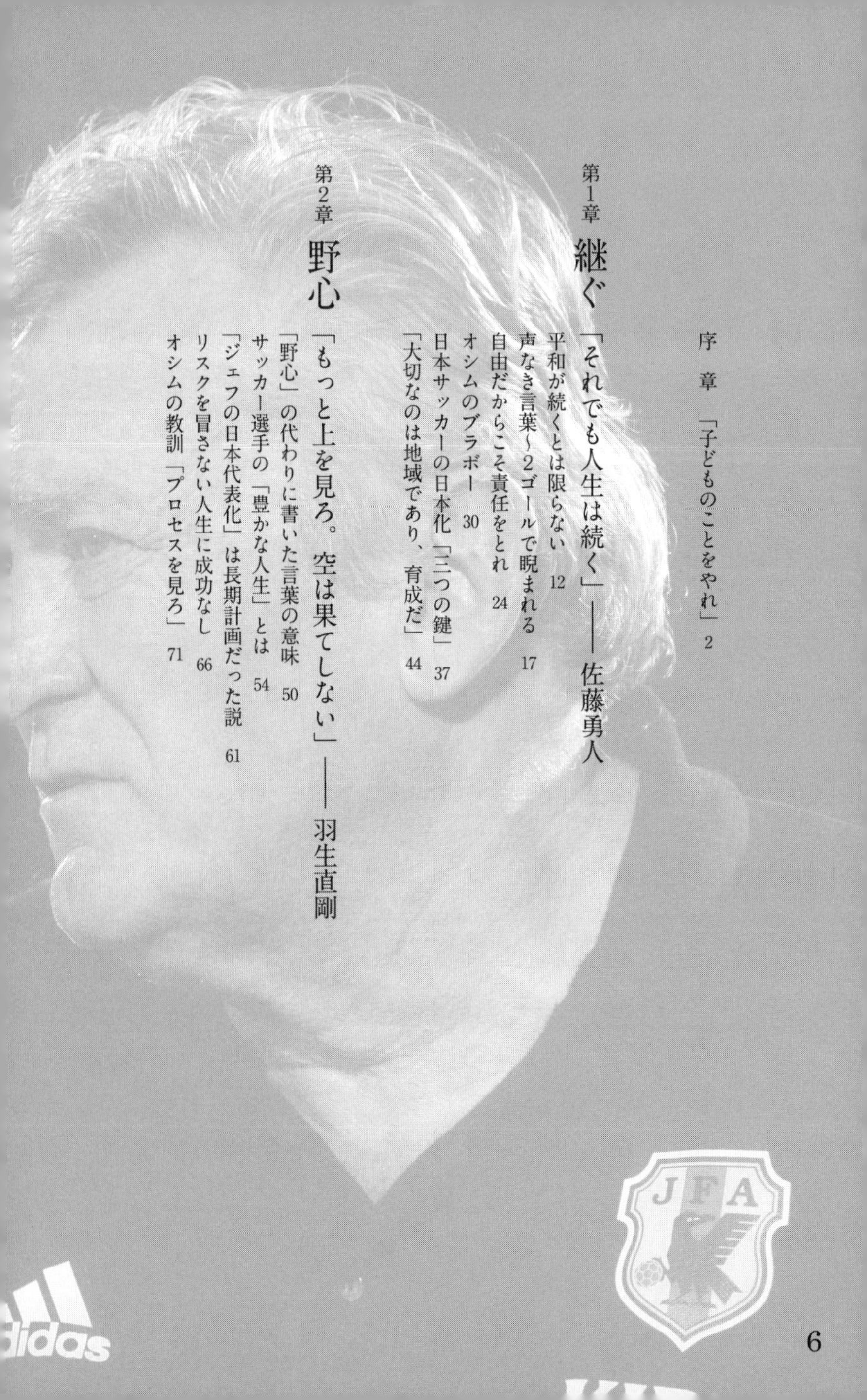

イビチャ・オシム
Ivica Osim

1941年5月6日、サラエボ（ボスニア・ヘルツェゴビナ）生まれ。1959年FCジェレズニチャル・サラエボで選手デビュー。その後、フランスリーグのRCストラスブール、スダンFC、ヴァランシエンヌFCなどでプレー。1978年現役引退後、現役引退後、ジェレズニチャル・サラエボで指導者のキャリアをスタート。1986年旧ユーゴスラビア代表監督に就任。1990年FIFAワールドカップイタリア大会に出場し、ベスト8入り。その後、ギリシャやオーストリアのクラブ監督として実績を残し、2003年ジェフユナイテッド市原（当時）の監督に就任。2005年、同チームをナビスコカップ優勝に導く。2006年7月サッカー日本代表監督に就任する。2007年11月に脳梗塞で倒れて監督を退く。2022年5月1日オーストリア・グラーツで死去（80歳）。2022年第18回日本サッカー殿堂入り。

取材協力／写真提供 … ジェフユナイテッド市原・千葉
東京ヴェルディ
濱吉正則（九州産業大学サッカー部監督）
羽生直剛
池田浩
間瀬秀一
乾眞寛（福岡大学サッカー部監督）
FC KRILO

写真 … アフロスポーツ
アフロ
JFA/ アフロ
YUTAKA/ アフロスポーツ
AP/ アフロ

装幀・本文組版 … 布村英明
編集 … 柴田洋史（竹書房）

※登場人物の所属は2023年3月末日現在のものです。

IVICA OSIM'S LEGACY

第1章 継ぐ

「それでも人生は続く」

——佐藤勇人

平和が続くとは限らない

青々とした空の下に、鮮やかな緑色のフィールドが広がっている。スタンドからは、キックオフを待つ人々のざわめきが聴こえる。試合のテレビ解説者である佐藤勇人にとって見慣れた風景だ。ただひとつ、いつもと決定的に違うのは、イビチャ・オシムがこの世にいないことだった。

「オシムさんが亡くなられましたが……」

実況アナウンサーの質問に、ごく自然に答えていた。

「オシムさんからこんな言葉をかけられました。それでも人生は続くぞと。その言葉が今、すごく響いています」

声が上ずっているのが自分でもわかった。感極まったアナウンサーの震える肩が見えた。

オシムが亡くなったのは2022年5月1日。その事実を、勇人は関係者によるSNSの投稿で知る。電車の中で涙が止まらなかった。その2日後には解説の仕事が入っていた。

「こんな気持ちのましゃべれるのかなと不安でした。でも、自分はフットボールに関わる人間としてこの試合をしっかりと視聴者の方に伝える責任がある。そう思いました」

試合で結果が出ないとき。練習が上手くいかないとき。オシムは時に激しい口調で、時に静かに諭すように言った。

「それでも、人生は続くんだぞ」

試合後のミーティングでも、練習中のピッチの上でも、「人生」という言葉を何度も口にした。

「おまえたちは電車の中で普通に寝るだろう。でも、俺が育った国では、電車の中で寝てしまったら起きたときはカバンも何もかもすべて失うことになる。おまえたち、どれだけ安全で平和な国で生きているのかわかっているのか？　いい車に乗って、いい家に住んで。それだけで満足か？　だが、人生はそんなものじゃないぞ。もっともっといろんなことが起こる。うまくいかないことのほうが多い。そんなとき、自分でいろんなことを判断して、行動に移して生きていかなくちゃいけないんだ」

「平和が続くとは限らない。人生でも、サッカーでも、思いがけずいろんなことが起きる。けれど、どんな状況でも、サッカーは続けていかなくちゃいけない。試合を途中で投げ出すわけにはいかない。だからこそ、どう対応するかをしっかり準備しなくちゃいけない。考えなくてはいけない」

そんなふうに話したという。

「だからサッカーは人生と同じなんだ」

最初のころは（ああ、また始まった）とうんざりした。人生という二文字など、口にしたこともない21歳の若者にはピンとこない。だが、20年経った今なら、すとんと腹に落ちる。「安全で平和な時間がいつまでも続くわけじゃない。オシムさん自身がそうだったと伝えたかったんだと思います」

折しも勇人がインタビューを受けてくれたのは、ロシアによるウクライナ侵攻から2年目を迎えた冬だ。日本でも防衛費の増大が推し進められたさなかであった。このことを、勇人も、私も、立ち会った編集者も、口にせずとも頭にあった。だからこそ、紛争に巻き込まれたオシムの「人生には思いがけないことが起きる」を、全員が実感を持って受け止めていた。

実は勇人のサッカー人生も「思いがけないこと」の連続である。オシムと出会う前は決して順風満帆ではなかった。

埼玉県春日部市出身の勇人は、双子の弟寿人と同じサッカークラブだった。兄がパスを出し、弟が決める。当時からよく走り、広い視野を持つボランチとしての才能が備わっていた。

中学1年のとき、双子の弟とともにジェフユナイテッド市原（現・ジェフユナイテッド市原・千葉）ジュニアユースチームのセレクションを受けたものの落選。弟だけがジェフに通い、勇人は地元のクラブに残るという苦汁を味わっている。Jリーグが開幕して2年目という華々しき時代のころだ。

その後、半年遅れでジェフに加入。中学3年でレギュラーの座についた。当時すでにアンダーカテゴリーの日本代表入りをしていた寿人とともにユースに昇格。試合に出られるようになった。ユースでも試合に出場していたが、高校2年生でサッカーをやめてしまう。

「単純にサッカーより遊びのほうが面白くなってしまった」と話すが、勇人の茶髪にピアスという身なりを許さないクラブとぶつかったこともひとつの要因だった。

「服装は関係ない。ピッチで表現すればいい」と主張する勇人と、当時育成部長だった祖母井らが標榜するジェフとしての育成のあり方がかみ合わなかったのだ。

第1章
継ぐ
――佐藤勇人
「それでも人生は続くぞ」

ジェフから去ったものの、家に帰れば弟の寿人が「今日、試合でさ」などと熱を帯びた口調でサッカーの話をする。

「そのそばで、ふざけた格好で、ふざけた髪の毛で僕はそこに座ってるわけです。オレ何やってんだろう？　みたいのはありました」

同学年の阿部勇樹はすでにJリーグデビューし、寿人もユースで存在感を見せていた。彼らの活躍が刺激となって、勇人のこころはじりじりとサッカーへと回帰する。

理由はもうひとつある。

佐藤家は、兄弟がジェフに入団するタイミングで、父が春日部で繁盛していたラーメン店を畳んでサラリーマンに転職していた。練習場のある舞浜の近くに引っ越したからだ。新居の子ども部屋で、勇人は長く自営職だった父が慣れない会社員生活で苦労している話を耳をそばだてて聞いていた。親の苦労を知りつつ、遊びに引きずられてしまったことへの後悔を抱えていた。

それなのに父は勇人を非難しなかった。若気の至りでタバコを吸い始めると、「外で吸うなら、俺の前で吸え」とタバコを差し出された。緊張しながら一本吸った。だが、やさぐれたこころを受け止めてくれる父や家族との暮らしのなかで、少しずつ自分を取り戻していった。

それから半年後、髪を黒くしてピアスを外した勇人はジェフに舞い戻る。再びサッカーに打ち込むようになった。上述したオシムの言葉「人生にはいろんなことが起きる。うまくいかないことのほうが多い。だが、試合を放り出すわけにはいかない」は、まるで彼のサッカー人生を物語るかのようだ。

その後出会うことになるオシムのこの言葉を体現するかのように、勇人はジェフのクラブ最多出場397試合を打ち立てる。12歳で加入した1994年から引退する2019年まで、およそ四半世紀にわたってレモンイエローとグリーンのユニホームをまといピッチを疾走した。途中京都サンガF.C.で2シーズンプレーしたものの、アカデミー出身のレジェンドとして「バンディエラ」（イタリア語で旗頭）とも呼ばれる。

声なき言葉〜2ゴールで睨まれる

オシム体制2シーズン目。サンフレッチェ広島に移籍した弟寿人と対戦した。Jリーグ初の双子対決として注目された一戦で、勇人はボランチでありながら2ゴールを挙げ勝利に貢献。数えきれないカメラに囲まれフラッシュをたかれ、何本ものマイクを差し出されるヒーローインタビューを受けた。その日のことを、こう回想する。

「2点も取ったので、正直舞い上がっていました。自分がチームを勝たせたんだ、監督に褒められてもいいだろうっていう感覚はありました」

歓声をあげるサポーターに手を振って高揚した気分でチームバスに乗り込もうとしたそのときだ。バスの前で待ち構えるように立っていたオシムと目が合った。ギロリとあの大きな目で睨んできた。

そして、無言で勇人の尻を蹴った。無論尻は大して痛くはない。ピリッと痛みが走ったのはこころだ。試合後の会見でオシムは記者たちにこのような主旨の話をしていた。

「ゴールしたのは勇人じゃない。佐藤でもない。ジェフが点を取って勝っただけだ。それ以上でも、それ以下でもない。君たちメディアがそうやって若い選手を持ち上げることで、若い選手が勘違いしたりして、早く引退を余儀なくされてきたのを何人も見てきた。君たちは若い選手に対し、しっかりと彼らに適したアプローチをしなくてはいけない」

この発言を新聞で読んだ勇人は「これは自分のことを言ってる。自分はやっぱり勘違いしちゃいけない。まだ何も始まってないし、何も得てない。これからもっともっとサッカーに取り組んで成長しなくちゃいけないと感じた」と振り返る。

オシムは選手を呼んで直接一対一で話すことはほとんどなかった。勇人らは、選手全員とフルフラットでいるために全員と距離を置くのがオシムのやり方だと理解していた。したがって、直接伝えないぶん、態度やメディアを通して伝えた。

「本当に褒められたことはまったくない。おまえのせいで負けたとか、めっちゃストレートに言われたことはあるけど」

勇人がそう語るようにオシムが選手を讃えることは稀だったが、間接的に褒められたことはある。

監督に就任してわずか5か月後のことだ。当時2ステージ制だったJリーグファーストステージ第13節ジュビロ磐田戦。当時、名波浩や藤田直哉ら日本代表を揃え「黄金の中盤」と言われたV候補と、ジェフは壮絶な首位争いを演じる。2対2同点の後半ロスタイム、二十歳を迎えたばかりの山岸智を投入。この山岸が右サイドから上げたクロスに、後方から息を切らして走り込んできたのが勇人だった。

ボールに足を合わせたものの、ゴールならず。結果は痛恨の引き分けに終わった。勇人が決めて勝てば、初のステージ優勝に大きく近づいたゲームだった。終了後、大勢のメディアが詰めかけた会見で「あそこで佐藤（勇人）が決めていたら勝っていましたか？」という質問が出た。それに対し、オシムは敢然とした態度でこう答えた。

「あの時間で、あのポジションの選手があそこまで走ったところをなぜ見ないのか?」

監督は見ていてくれたのだ。

「もう助けられましたよね。本当に責任を感じていたし、あそこで決めなかったから優勝という二文字が遠のいた。すごく責任を感じていたので。そういうふうに見てくれているんだと感激しました。もちろん結果は大事ですけど、その過程がどうだったかっていうのをオシムさんはいつも見てくれる。あとで僕がシュートを外したシーンを観ましたが(それまでの流れが)めちゃくちゃ綺麗でした」

隠れたファインプレーへの賛辞、そして調子に乗るなという戒め。それらをオシムはしばしばメディアを通して選手に伝えた。間接的な声なきメッセージは、直接言われる言葉よりこころに沁みることもあるのだ。

プロセスを視点とする賛辞は多かった。ある試合で、巻誠一郎がスペースに走り込んだことで相手守備がそちらにつられてゴールが生まれた。その際も、巻を褒めた。

©JEFUNITED

勇人は言う。

「多くの人がゴールという結果を見て、この選手が素晴らしかったと評価します。でも、その前に何かが起きて、それによってこのシーンが生まれた。だからそこをピックアップして選手に伝えなきゃいけない。指導者がそこを見てあげないとそのプレーが正しかったかどうか、選手にわからないですよね」

一方で、オシムの目は失点場面にも向けられた。終わった試合のビデオを出場メンバーと観たときのこと。明らかにゴールキーパー櫛野亮のミスで失点したように見えたが、オシムはフィールドプレーヤーに向かって怒り出した。

「おまえたち、櫛野のミスだと思ってるだろう？　でも、そうじゃない。その前のシーンを見ろ」

コーチがビデオを早戻しすると「もっと前」「もっとだ！」と命じ、4プレーほど遡って説明を始めた。

「そもそも、羽生（直剛）が敵陣でなぜこんな終わらせ方をしたんだ？　これでは相手にとってまったく危険ではない。次に阿部（勇樹）だ。この状況を読めば、羽生のプレーの後に奪い返せたじゃないか？　次にサイドに振られているが、坂本（将貴）はどうしてこんなにも簡単にクロスを上げさせたのか？」

いきなり怒りの矛先を向けられた3人は唖然とするが、オシムは構わず続ける。

「チームとしての失点だということを理解しろ。すべての積み重ねによってサッカーは成り立っているのだ」

ミスが重なれば、最後に失点するのは当然だと告げた。双子対決での勇人のゴールがチームの得点なら、失点も同じだというわけだ。勇人は「すごく本質的な評価をしていた。他の監督がしないようなサッカーの見方を示してくれました」と述懐する。

ごく稀に口に出して褒めることもあった。

土曜日の試合翌日、リカバリーの際に選手やコーチの前でオシムは「勇人のことだが」と話し始めた。まずはひと言「おまえは技術が足りない」。

その後にこう続けた。

「技術は足りないけど、アイディアがある」

オシムは常々「アイディアがないとプロサッカー選手としては活躍できない。技術は鍛えられるがアイディアを育てるのは難しい」と語っている。

「いきなり技術がないって言われたらカチンとくるじゃないですか。でも、その後の言葉が自分にはすごく刺さりました。何かきつく言った後のフォローがオシムさんには必ずありました。怒られたことを何とかしようとすると、その時点で100%修正できていなくても『いい傾向だ』みたいなことを言ってくれる。選手はやってやろうって気持ちになります」

オシムはこういった話を全員の前でよくしたという。

「あまりこう言われたくないことまで直接言うんですよね（笑）。なので本当に悔しかったりむかつくことがみんなあったはずです。ただ、今となっては、みんなの前で言う意味があったんだよなって思います」

自由だからこそ責任をとれ

オシムはジェフでセットプレーの練習を一度もしたことがない。得点の約3割がコーナーキックやフリーキックからのセットプレーと言われていることを考えると、奇異にさえ映る。

このことについて勇人は「セットプレーをいかに得点源にするか、逆に失点しないようにすることは、どこのチームでもトレーニングに落とし込まれていると思う。でも、オシムさんは一回もやらなかった。そう伝えると、皆さん嘘でしょって驚かれるのですが」と言う。これって痛快でしょ？　とでも言いたげな笑顔で。

選手たちがセットプレーの練習をリクエストすると、オシムの回答は「だって相手が違うだろう。体のサイズも特徴もまったく違うのだから意味ないだろ」だった。他チームと対戦するのに、自分たちのチーム内で練習しても無駄だというのだ。

「それよりも自分たちで考えなさい」

つまり、セットプレーの場面で対峙した相手がどうくるのかを予測し、自分たちがどう攻めるのかをその時々で考えなさいというわけである。

勇人はこの話の際、オシム体制3年目の2005年Jリーグ第29節大分トリニータ戦の動画を見せてくれた。取材した日のちょうど前日、ブルガリア代表でリベロとして活躍したイリアン・ストヤノフが偶然にもSNSにあげてくれた得点シーンだった。

後半36分。センターラインを数メートル敵陣に入った中央付近で得たフリーキック。相手守備3枚の壁を前にした阿部勇樹が、最終ラインから左サイドに駆け上がってきたセンターバックのストヤノフにパス。中央に折り返したボールをこれまた後方から猛然と疾走してきた勇人が、体ごとゴールに押し込んだ。

「普通だったらアウエーで勝ち点1を取って終わる試合でしょう。ほとんどの場合そんなリスクは冒さない。でも、自分たちでジャッジして、危険なサッカーをした。カウンターされたらもしかしたら失点する可能性もあったけど、そこでリスクを冒してトライした。それが結局ゴールを生んで勝ったわけです」

選手たちは、オシムのこの言葉を信じて挑んだという。

「リスクを冒してでも相手が嫌がるプレーを選択して、自分達で考え、責任を持ってプレーしなさい」

相手にとって危険なパスサッカー。リスクを冒す。このときのストヤノフの動きは、2022年W杯カタール大会でベスト4進出を果たしたクロアチアの若きセンターバック、ヨシュコ・グヴァルディオルを思い出す。守備から攻撃へ、素早く切り替えては前線へ駆けあがる。モロッコとの3位決定戦で先制ゴールを奪い、チームの3位入賞に貢献した。

彼のプレーについて、勇人は「オシムさんが見ていたら『ブラボー』って絶対言われますね。ただ、あのころの僕らも、自分たちで判断するっていうことを叩き込まれていた。オシムさんが言ったことを自然に自分たちでやれるようになりました」

ところでこの攻守の「切り替え」、気持ちを切り替えようという意味でも使われる。当時のGM祖母井によると、オシムは「切り替えという日本語が大嫌いだった」という。ミスしたり状況が悪化すると、選手たちは「切り替え、切り替え」と声をかけ合う。それを見聞きするたびにオシムは「その言葉、やめろ」と言って顔をしかめた。選手たちはネガティブに折れそうになる気持ちを立て直すために発しているし、子どものころから指導者にそんな声をかけられてきたことは承知だっただろう。だが「僕ら日本人が自分たちのネガティブな部分に向き合わないように見えたのではないか」（祖母井）。

選手もまたオシムが「キリカエ」に苛立つ理由を理解していた。勇人は「オシムさんは責任を明確にしようと言ってましたね。誰のせいで負けて、誰のせいで失点したかを選手と共有するんです」

失点場面は必ずビデオで観させられた。上述したように、試合翌日はクラブハウスにメンバーが集められオシムやコーチと一緒に観る。勝った試合でも失点場面を観る。そこで「この失点はおまえのせいだ。なぜならば」と全員の前で厳しく追及された。

「いやいや、この試合勝ってるし、もういいじゃんって（選手は）思うじゃないですか。ところが、勝った試合ほどミーティングが長いわけです。負けたときよりずっと長かった」

と勇人は首をすくめた。

これは、あるインタビューに答えたオシムの言葉だ。

第１章
継ぐ
──佐藤勇人
「それでも人生は続くぞ」

「実際に選手が何かを学ぶなら、勝ったときより負けたとき、敗北から学ぶことが本当に大きい。勝つことからは学べないことがある。ここ何試合かいい試合をしていたが、負けから学ぶことがある」

ジェフにやって来て間もないころ、練習で「オールコートで一対一をやれ」と言われた。勇人たちが「えっ？　オールコートで？」と戸惑っていると「早くやれ」と急かす。およそ105メートル×70メートルのフルピッチで、ドリブルで格闘し合うのだ。地獄のようなメニューだった。フラフラになりドリブルで抜けなくなると、苛立った様子で怒鳴り始めた。

「おまえたち、仲間が苦しんでいるのになぜ助けに行かないんだ!?　外で見てるだけなのか？　困ってる人がいたら助けてあげないのか？」

そこで大急ぎでひとりがパスを受けに入ると、そこで2対1になる。すると「これはフェアな状態か？」と言うので2対2に。そこから「グリッド（プレーする広さ）が広すぎないか？」と言うので、狭くする。その後3対3、4対4と人数が増えると、「おまえたち、こんな小さいスペースにこれだけ人数がいたらサッカーはできないだろう？　もっと考えろ」と言われるのだ。

「いや、ルール決めたのはあなたですよね？　って突っ込みたくなりますけどね。僕らは練習だという認識でやっていたけれど、オシムさんの頭の中は練習からもう実戦としてプレーを見ている。そこには必ずいつも意味がありました」

例えば、オシムはリーグ期間中でも練習試合を実施。ある公式戦の翌日に大学生相手に行った練習試合では、前日先発した選手たちにこう指示した。

「今日は疲労がたまっているだろうから、2タッチまで許す。だが、2タッチ以上やってしまったら、速やかに相手に渡せ」

勇人たちは「つい昨日試合をやったのに……」とこころの中でため息をつきながらピッチに出ていく。ジェフ側がリードすると、フィールドの選手はひとり減らされ10人対11人になる。つまり、力の開きがあると練習にならないので負荷がかけられるのだ。最後は4人まで減らされて7人対11人になることもあった。

「最初は訳がわからなかったです。なんだよ！って思いながらやってたんですけど、今考えるとそういう状況でも対応できなくちゃいけないわけです。例えば退場者が出て味方がひとり、二人と少なくなった状況でも対等に戦わなきゃいけない。絶対体力的にきつくなるんだけど、そういう状況でもしっかりと頭を動かしてプレーヤー同士で判断してプレーしろと要求される」

ヘロヘロになった選手たちに、オシムは平然と言う。

「いや、人生でもそういうときって絶対あるだろう」

さまざまな場面で、唐突に「人生とサッカー」を語り出すのだ。

勇人は白い歯を見せながら振り返る。

「ええ、ええ、絶対あるでしょうねって（笑）。腹が立つときもあったけど、今は凄くわかります。ピンチになるほど自分なりに考えて、どうやったらうまくいくかと考えなくちゃいけない。つまり、つらいとき、きついときほどやっぱり頭を動かさなきゃいけないっていうのはここ（人生）に繋がるんだなと実感しています」

オシムのブラボー

北海道コンサドーレ札幌の監督ミハイロ・ペトロヴィッチ（愛称ミシャ）は、オシムサッカー継承者のひとりだろう。SKシュトゥルム・グラーツ（オーストリア）監督だったオシムの下で、アシスタントコーチを務めた。広島監督時代に森保一に多大な影響を与えたとも言われる。

しかし、オシムのサッカーとは多少違いがあった。勇人の弟寿人はサンフレッチェ広島で指導を受けたが、勇人が聞いた話では、ペトロヴィッチのほうがポジショニングなど部分的に「こうなったらこう動く」という約束事が細かい。例えば1トップでその後ろに2シャドーの選手がいるとすると、その二人の立ち位置まで決められることがあったという。

そういったことを、オシムはまったく命じない。自由度が高く、常に攻撃的だった。これに勇人は最初のころかなり戸惑った。

「ボランチってバランスを取る仕事じゃないですか。攻守を繋げてバランスを取る。ボールを散らす。それが当時の日本のサッカーの常識という感じで自分の中でも思っていました」

ところが、オシムはまったく異なるボランチ像を勇人に求めた。

「なんでおまえはチャンスのときにリスクを冒して（前へ）出ていかないのか？　って要求する。でも、俺が前に行っちゃったらこのスペース空いちゃいますよ？　って言い返すと、そんなの関係ねえみたいな。空いたスペースは他の選手が埋めればいいだけのことだろう、って」
さらに、ギロリと睨んで顎をしゃくるのだ。

「行くなら、絶対本気で行け」

選手が中途半端なスプリントで、上がったセンタリングに「なんとなく入って」（勇人）いくと怒髪天を衝くが如く怒った。

「おまえが本気だからこそ、相手が本気で捕まえに来るだろう？　そうやってスペースは生まれるんだぞ」

よって、守備の際にボールを奪いに行くときも本気でプレスに行くことを要求した。選手の「言われた通り走りましたよ」と既成事実をつくるようなランを、オシムはことごとく見抜いた。

「本気で危険なプレーをしろってことです。それは危険なタックルとかではなく、相手が恐れるようなものですね。オシムさんと出会って、自分の中の概念というかそういうのを変えられました」と真っすぐな目で話す。

「なんとなくやったら絶対変わらない。だからそれはサッカーも人生も同じだろう」

そう。ここでも人生の二文字が降り立つのだ。ひとりの自由な発想を、他の選手が呼応してハーモニーを奏でるように動き、ボールをつなぎ、ゴールが生まれる。もしゴールが外れたとしても、シュートまでいかなかったとしても自身が納得のいくプロセスであれば、オシムは時に拍手をしながらいつもより少しだけ高い声でピッチに声を飛ばす。

「ブラボー!」

この声が聴きたくて、勇人たちは力の限りピッチを駆け巡った。勇人が「オシムさんのブラボーは、このプレーが正解なんだっていうのを示してくれた」と語るように、いつの間にか選手たちの目標はオシムのブラボー認定になった。

認定の基準は上述したように、見てわかりやすい得点やアシストに限らなかった。ゴールが決まってもブラボーが出ないことはいくらでもあった。象徴的なのは、元韓国代表の崔竜洙（チェ・ヨンス）だ。ジェフで73試合に出場し54得点と絶対的エースだったが、勇人は「ヨンスさんがゴールしたとき、ブラボーはほとんど出なかったと思う」。

ただし、崔がシュートを決めなかったとしても、彼が動くことで複数の相手を引き付けたり、スペースをつくったりすると、オシムから「ブラボー」の賛辞が贈られた。

崔の退団後、オシム体制3季目に加入したのはオーストリア代表FWのマリオ・ハースだ。SKシュトゥルム・グラーツでオシムに鍛えられ、グラーツの黄金時代を築いたストライカーだった。

「当時の日本にはいないタイプのフォワード。オシムさんが求めてるのはこういう選手なんだと思いました」と勇人が表現したハースは、ゴールも奪うがチャンスメイクして他選手に点を取らせることもできた。スペースを作る動きができ、サイドに流れたり周りを引き付けるなどして相手にとって常に危険な存在であり続けた。しかも、守備でも責任を持ってプレーした。背番号10の選手がここまで戻って守備をするのかと驚かされた。

ブラボー。勇人たちにとって特別なこの言葉は、オシムがこの世を去って4か月余りあとに開かれたW杯カタール大会の日本代表戦で注目を浴びた。予選ラウンド初戦でドイツを破った後、長友佑都が「ブラボー！」と叫んだのがきっかけだ。

「俺らにとってブラボーってそんな軽いもんじゃないんだけどなっていう声は、元ジェフの選手やオシムジャパンだった人たちからも出てますね（笑）。長友はオシムさんと接していない世代だけど、ブラボーに再び光を当ててくれて嬉しかった」

そう言って勇人は笑みを浮かべた。

オシムが監督に就任した最初のリーグファーストステージで3位、セカンドは準優勝。翌年は7位と準優勝。ハース、ストヤノフらが加入した3シーズン目は、ステージ制が廃止され4位に。そしてナビスコカップを制した。ジェフにとって初めて手にしたタイトルだった。

オシムジェフは就任期間約3年半で計106試を戦い49勝22敗35分け。勝利数はジェフの歴代監督の中で断トツ1位である。このオシム黄金時代になくてはならない存在といえる勇人が、胸に折りたたんでいる言葉がある。

「何よりシンプルにプレーするのが一番難しい。それが一番危険ではあるが、一番難しい」

オシムにこう言われるたびに、勇人は「ほかにどんな選択肢があったのか？」と頭の中のビデオを何度も巻き戻し「次はこうやってみよう」と考えた。どれだけシンプルにプレーするか、その質をどれだけ上げられるか。それを追求した監督やプレーヤーは過去日本にいたかもしれないが、オシムの指導は突出していたといえるだろう。

「ひとりの選手がドリブルで運ぶより、ボール（パス）のほうが圧倒的に速いってことを思い知らされました。あとそれと……」とオシムの記憶を掘り起こす。

「コレクティブにプレーするんだ。そういう集団にならなくちゃいけない」

コレクティブ（collective）は、「組織的」「集団的」を意味するが、ことサッカー用語としてとらえると「チームとしての規律を持ったサッカー」を指す。そのことを口酸っぱく言われたものの、果たしてオシムが自分たちをどのように見ていたのか。勇人は思いがけないかたちで、その問いに答えてもらえる機会を得られた。

2021年9月、テレビ番組の企画でボスニアのオシムとリモートで対談した。亡くなる半年ほど前のことだ。80歳になるオシムは闘病中で体調次第では現れないかもしれない。対談できたとて2、3分で終わる可能性もあると局側から聞かされていた。それでも自分の持つなかで一番上等なスーツをまとい、ネクタイを締めてモニターの前に座った。

日本サッカーの日本化「三つの鍵」

「見慣れない顔だな。選手時代より男前になったな」

それが最初の言葉だった。画面に現れ黒革のソファーに深く腰掛けたオシムは、微熱があるのだろうか。額や頬が赤く染まっていた。言葉を選ぶときは、ひと呼吸おいて時折眼球を右上に動かした。勇人に「ブラボー」を求められ「このインタビューにブラボーだな」。可愛がっている孫と久しぶりに再会したような笑顔をのぞかせた。

勇人が「ジェフのサポーター、日本のサッカーを愛する皆さんに向けてメッセージをお願いします」と言うと、こう答えた。

「日本の皆さん一人ひとりに挨拶をしたいが、日本は人口が多すぎる。よろしくといっているうちに舌が伸びてしまうかもしれない」

続けて。

「過去のことは過去にすぎない。しかし、未来のことを考えるときに、過去の失敗を考えることは役に立つ。特に、サッカーのレベルアップを目指すときはそうだ。一歩一歩進んで行くしかない」

そしてこうも言ってくれた。

「ジェフは本当に良い集団になった。試合に出ている、出ていないに関係なく、全員が結束していた」

勇人は胸の中でつぶやく。

「いや、それはあなたが出ている、出ていないに関係なく平等に扱ったからでしょ」

オシムはある日、祖母井に「あいつちょっと元気がないけど、何かあったんじゃないか？プライベートか何か家族なのか。悩みを抱えているかもしれない」と選手のケアを頼んだ。すぐさま祖母井が対応すると、実際に家族に問題を抱えていた。その選手は「オシムさんが心配していたぞ」と言われ、驚くとともに感激した様子だったという。

「僕らもそれを聞いてびっくりしました。だって、試合に出ていない選手ですよ？　多くの監督はそんな表情の変化とか見ようとしませんよね。まずは試合に出ているメンバーが大事であって、それ以外はもしかしたらレギュラー陣の練習相手と考えてしまうことだってあり得る。でも、オシムさんは全員を大事にしていました」

チームメイトですら気づかない一選手のわずかな変化に気づいてしまう。これは30人いれば全員を平等に見ているからだ。このことは、レギュラー組をコーチに任せ、かなりの頻度で控え組の練習を見ていたことからも理解できる。レギュラーを指導することでコーチの成長にも繋がるわけで、チーム全体を底上げするための真っ当なアプローチなのだ。

「練習にちょっとだけ遅れてくるんです。10時スタートでも大体10時10分とか。選手の表情とかを見て、少しずつトレーニングに入ってくる感じでした。ピッチ上の空気とか選手の表情とかを見ながら、自分の頭の中にあるものをこういうふうに持っていこうかな、みたいに考えていたと思います」

それが「コレクティブな集団」をつくるひとつの要素であり、オシムが言った「日本サッカーの日本化」に繋がるコーチングではないか。日本化というドアをこじ開ける鍵を、勇人たちが受けたオシムの指導から探ってみよう。

ひとつめが上述した「全員を平等に見る」だとしたら、二つめに「カオスをつくる」を挙げたい。まず、いくつもの色のビブスを使って練習させた。

「自分と同じ色（のビブス）にパスしてはいけない」

「赤→青→黄→緑→白で回せ」「次は今やったのと逆の順番で回せ」「ダイレクトで」「2タッ

チで」

プレーする際の条件をはじめとした練習のオーガナイズは多岐にわたった。選手たちが一度に操るボールも1個ではない。2個になったり、3個のときもあった。最初はボールも頭も回らず、目だけが回った。

「サッカーの試合では本来、ユニフォームは2色しかないのに、練習はビブスが何色もある。ボールも試合は1個なのに2個とか3個。ゴールは両サイドに普通あるのに、真ん中にもあったり。真ん中と相手ゴール両方入れてOKですが、自分たちも真ん中のゴールをケアしなきゃいけない。だから試合は練習よりずっと楽でしたね」

スケジュールも、練習メニューも事前に伝えない。前述したように1対1をやっていると、いきなり「誰も助けないのか？」とにらまれる。常に突然の変化に対応しなくてはいけない。オシムの指導はカオスの連続だった。

ただし、そのような「カオス設定」を、オシムは「日本だからやったのでは」と勇人は分析する。

「オシムさんがオーストリアとかヨーロッパの国で指導していたら、あそこまでは多分やっていないでしょうね。日本は他の国に比べて視野の確保とか判断スピードを鍛えなきゃいけなかった。その一方で、日本人にある固定概念みたいのものを壊さないといけないと、僕らを見たときに思ったんじゃないかな。日本のこうあるべきだ、みたいなものを。だからトレーニングにもそういうものをたくさん落とし込んだのかなと思います」

この練習ではこうしないと練習自体が成り立たない。

この練習は視野を広げるためだから、近場ばかりパスしてはダメだ。

ほら、裏にパス出したら「ブラボー」きたじゃん。

「そういうのを、自分たちで考えてましたね。練習の意味さえも考えさせてくれる。感謝しかないです」

祖母井らによると、多色ビブスの練習は当時バルセロナなど他のビッグクラブでも行っていた。オシムは来日する以前にそういったクラブへ視察にも訪れていたという。

三つめの鍵は、「プロセス」をピックアップする指導力だろう。勝ち越しゴールを外すなど致命的なミスをした選手に対しても、良いプレーやファイトしたプロセスを見逃さない。それに気づく力はもとより、そこに価値を置く愛情と、選手をリスペクトする人権感覚があってこそだろう。

効果的な動きをしても、評価されなければ選手によっては次は走らないかもしれない。サッカーというスポーツへの認知度が発展途上の育成年代は、特にそこを押さえておかなくてはならない。このことは、実は脳科学的にも理にかなっている。人は目に見える結果を褒められるよりも、多くの人が気づかないプロセスや努力を認められたほうがモチベーションが上がると言われる。

例えば、得点やアシストは観客にもわかる。だが、試合の終盤に猛然と走ってスペースを空けたり、得点する過程に存在した4本前のダイレクトパスを褒められたらどうだろう。苦しいときの頑張りやリスクを冒した勇気への「ブラボー」に救われるはずだ。

ゴールや派手なプレーに対し、オシムはブラボーを口にしなかった。それで選手はプレーの質を学ぶ。どういったプレーが高度なのか、オシムが求めているのかを。つまり、ブラボーは専門的かつ戦略的に用いられたのだ。

この仮説に対し「僕もそう思います」と勇人も賛同してくれた。

「オシムさんがジェフの監督になったのは、Jリーグが生まれてちょうど10年でした。プロセスのポイントに気づける指導者はいなかった。いや、今でもあんまりいないと思います」

試合後にボール支配率とかスタッツが出るものの、それについてミーティングで言及したことはほとんどない。数字やデータにほとんど興味を示さなかった。

「きっと膨大なプレーを見て、分析してきたから、頭の中にいくつものパターンがあったんだと思います。練習中に、おまえがこう動いたら、こうなるじゃないか。でも、こうもできる、ああもできる。おまえ、それ以外でやってみろ、みたいなことを言われて。参りました」

オシムの引き出しの多さと、徐々にレベルが高まる要求。勇人たちは、震え上がりながら食らいついた。

采配よりも育成という文脈で語られることが多かった。その根幹は育成年代にこそ活かされるはずだ。近年の歴代日本代表監督の中でそのイメージがあるのは、Jリーグが生まれて最初に指揮を執ったハンス・オフトくらいだろう。「アイコンタクト」「トライアングル」「スリーライン」「スモールフィールド」といった言葉が斬新に映った。

オシムジャパンには勇人を始め、ジェフから多くの選手が召集された。勇人からすれば「いつもの練習」が、日本を代表するサッカーの達人たちはついていけなかった。そろって「体より、頭が疲れる」と悲鳴を上げた。

「足技だけでできるサッカーじゃねえぞ、より考えなきゃいけないっていう声は代表(選手)の中でもあがってました。ジェフっていつもこんなことやってんの？　そりゃ強くなるはずだなって言われました」と勇人は愉快そうに語る。

あのままオシムが率いてW杯に出たとしたら、どんな景色が見えたのだろうか。

「今の日本サッカーはかなり進化していたかもしれません。指導を直接見て経験した僕は、これから日本サッカーの日本化を自分なりに考えて伝えていこうと思います」

「大切なのは地域であり、育成だ」

「オシムの指導」をどう繋げるか。それを勇人はずっと考え続けている。オシムが病に倒れたのを機に日本代表監督を辞して16年が経過したというのに、未だに「オシムさんってどうでしたか？　どんな指導されたんですか？」と聞かれる。

勇人は2022年から、千葉県内の町クラブや中学校の部活動をひとりで巡回している。もちろん無償のボランティアだ。自分のメールアドレスまでSNSに提示し、ダイレクトメール（DM）をもらうとスケジュールを調整して駆けつける。一緒にサッカーをしたり、教室を実施する。こんな活動を始めたのも、こんなオシムの言葉を直接聞いたからだ。

「フットボールクラブで一番大切なのは、地域であり、育成だ」

少子化や他競技との競争もあって、ジェフのホームタウンである市原市や千葉市でもサッカーをする子、続ける子どもが減っている。ここ10年で人数が半分になったチームや、存続の危機にある少年団やクラブも少なくない。

「オシムさんが言ったように、地域とか育成って本当に大事だと思っています。自分の足で動いてお手伝いができたら。そこを育てられるよう、力を尽くしたい」

オシムは、選手らに対し、常に「人生とサッカーをセットで語った」(勇人)という。

「サッカー以上に大事なものはたくさんある」

勇人は「あれだけサッカー好きな人がそういうふうに言うんですよ。平和がどれだけ大切か、当たり前じゃないんだぞと何度もおっしゃっていました」

今の世界のありようをまるで予測したかのようではないか。ロシアによるウクライナ侵攻。中国と米国との関係、日本との関係。長期にわたる日本の経済的な停滞。先を見透かすオシムの言葉を、勇人は十数年経って噛みしめる。

「オシムさんがいた当時の日本は、何かこう、変な余裕じゃないですけど安全なのも平和なのも当たり前みたいな感じで……。そこを見抜いていたのかもしれないですね。日本だってそういう時代じゃなくなるぞ、と。そのときは、ふーんって思うだけでしたけど、対応

2022年11月20日に開催されたオシム氏の追悼試合。その試合の発起人であり、プロジェクトリーダーを務めたのが佐藤勇人

できるようもっと学ばなきゃですよね」

オシムに人生を変えられたと話す選手はたくさんいるが、勇人はその代表格だろう。

オフがあれば東京に出向いて飲みに行ったり、地元に帰って遊んでいた。だが、監督がオシムになるとスケジュールが出ないため、予定が組めない。最初はそれがストレスになったが、結果が出てくるとさらなる向上心が生まれる。そのうちオフ日は遊びの日から「体を休める日」に転じ、まったく知らなかった海外サッカーもオシムの勧めで観るようになった。

その大きな変わりようは誰をも驚かせた。12歳から彼を知る祖母井を「彼は特殊（笑）。あそこまで変化した選手を僕は見たことがない」と唸らせたほどだ。

「オシムさんと会わなければ、きっとサッカーをやめていましたね」

やめたとして、そのあとはどうなっただろう？

「間違いなく良くない方向に転がっていたって思います。あんな凄い人に出会えて一緒の時間を過ごしたのは、間違いなく財産です。本当に運がいいと思う」

リモートでの対面で、オシムは目の前の教え子を盛んにほめた。

「俺はおまえが好きだ。おまえのプレーが本当に大好きだった。勇人みたいな選手がチームに何人も欲しかった」

それまで言われたことのない言葉に、勇人は「いやもう、ビックリしました。久しぶりに話したからってああいうふうに言う人じゃないので」と照れくさそうだ。偉大な恩師が気安くお世辞を言う人物ではないことを知っている。病に伏していただけに「今言っておかねば」と思ったのかもしれない。

オシムは、目立たない選手をトップクラスに育て上げるのが得意だった。表現は正しくないかもしれないが、勇人は自分がつくりだした最高の作品だった。

勇人の素直さ、純粋さを感じ取っていた。純粋だからこそ悩み傷つきサッカーをやめたりした。だが、顔が向く方向さえ変われればこの男は本気で走る、と。リスクを冒し、困っている仲間を助けることを知っていたのだ。

勇人の人生は、オシムに救われた。
よって、人生という試合を途中で投げ出すわけにはいかない。
声なき「ブラボー」を聴きたくて、今日も走り続ける。

佐藤勇人（さとう・ゆうと）
１９８２年、埼玉県生まれ。元日本代表。ジェフユナイテッド市原Jrユースからユースを経て、２０００年ジェフのトップチームに加入。クラブ最多出場数を持つレジェンド的存在。２０１９シーズンをもって現役を引退し、現在はジェフのクラブ・ユナイテッド・オフィサー（ＣＵＯ）を務める。

IVICA OSIM'S LEGACY

第2章

野心

「もっと上を見ろ。空は果てしない」

——羽生直剛

「野心」の代わりに書いた言葉の意味

少しグレーがかった清流のようなブルーの瞳が光った。

「それで、おまえは何をやりたいんだ？」

オシムは羽生直剛の目をのぞき込むように問いかけた。

日本語を勉強中だというボスニア人の女子学生が「何をやりたいんだ？　って言ってますが」と通訳してくれる。

左の頬に答えを待つような視線を感じ「えっ、ああ……」と思わず口ごもる。なぜなら答えはまだ出ていない。だからボスニアまで逢いに来た。10年ぶりの再会だった。

「指導者にはなりません。だって、オシムさんを超えられないから」

質問の答えになっていないからだろう。オシムは一瞬ふふふと笑う。そして、語り掛けるように言った。

「もっと上を見ろ。空は果てしない」

って、言ってます――和訳した女子学生は、感極まったようで目に涙をためていた。

羽生は全国高校選手権8強（千葉・八千代高校）、関東大学リーグMVP（筑波大学）にユニバーシアード優勝を成し遂げ、鳴り物入りで2002年にジェフ入団。翌年に監督に就任したオシムに、ジェフと日本代表の両方で指導を受けた。佐藤勇人同様「オシムチルドレン」のひとりである。

引退後1年間、Jクラブでスカウトをやってはみたがしっくりこない。そこで2018年12月、意を決してオシムを訪ねボスニアへ。妻のアシマらとともにレストランで2時間ほど話し込んだ。

「自分これじゃダメだって思ってるなかで、何か助言が欲しかったんだと思う。そうしたら、いきなり空は果てしない、ってきた。俺にすげえ名言残してくれました。ああ、そうか、僕は何かを成し遂げたいって、あらためて思いました」

実はその3か月前に社用で行った際にも面

2018年12月、何か助言がもらえればと、オシムを訪ねボスニアへ

会を打診。リハビリの時間と重なるからと断られていた。二度目のオファーに、時間を作ってくれたのもかもしれなかった。

「野心を持て。サッカーも人生も一緒だ」

ジェフでよく言われていた言葉だ。

「元サッカー選手だってところにあぐらかくなよ、っていうことだと思いました」

同時に思い出したのは、ジェフでナビスコカップを獲ったときのことだ。

優勝直後のリーグ戦で勝利した際の会見。チームの好調ぶりに「ナビスコ杯優勝の影響はあるのか」と問われたオシムは、少し不機嫌そうにこう言った。

「お祝いの花は、もう枯れた」

この言葉が羽生は好きだという。

「過去のことはもう終わったこと。これからまた積み上げることをやらなくてはいけないって、僕らも言われました。だから僕はサッカー選手だったことはもう過去のこと。サッカーはできたけど、今は何もできませんって言うのは違う。今はこういうことにチャレンジしていますって言いたい」

サッカーのみならず、スポーツをする子どもが全国優勝などの結果を出すと、そのことにしがみついてしまう姿が羽生は気になる。引退したJリーガーも例にもれず「○年のこの試合の俺のシュートは凄かった」といった話をしがちだが、羽生はほとんどのプレーを思い出せないという。過去に固執していないからだろう。

その危うさをオシムは「花はすぐ枯れる」と表現したのではないか。そう感じる羽生は「過去の栄光にすがるな。もっと先を見ろっていう意味です。小学生や中高生にこの言葉を贈りたいですね」と言う。

彼が自分の言葉を深く理解していることを、恐らくオシムは知っていたのだろう。ボスニアのレストランを去る前に「新しくつくる会社の名刺に入れたいから『AMBITION（野心）』って書いてください」と願い出たら、違う言葉をすごい勢いで書き始めた。

帰国して、ジェフの通訳だった間瀬秀一に見せると、こんな意味の言葉だった。

「今までの努力と失敗を疑え」

第２章

野心

「もっと上を見ろ。空は果てしない」

——羽生直剛

自分の中で成功だとか成し遂げたと思っていても、実は違うかもしれない。逆に周りから失敗だと指摘されたことがそうでないこともある。

「過去を疑うことが重要だと、最後に投げかけられた気がして……それがこころに残っています」

羽生はオシムと抱擁し、握手をして別れた。二人の時間はそれが最後になった。

サッカー選手の「豊かな人生」とは

オシムとの初対面は衝撃的だった。

選手が集まった食堂のドアが開くと、190センチの大男が入って来た。ジェフの職員に「監督、何か一言お願いします」と挨拶を促されたが、そんなものはいらんとばかりに首を横に振る。足も止めず、6~8人ずつの円卓をずんずんと回り始めた。

コン、コン。コン、コン。

テーブルを拳でコンコンと叩いたら、また次のテーブルへ。選手や職員があっけにとられるなか、そのノックのような音だけが食堂に響いた。

「ぎょろっと眼光がめっちゃ鋭くて。ずっと睨まれてるような気がしました。（就任した監督は）普通なら自己紹介したり、力を合わせて頑張ろう的なこと言うじゃないですか。テーブル叩いただけで、黙って飯食って帰っちゃったんです。いやもう、やべえやつ、来ちゃったなってみんなで言い合いました」

翌日の練習で、そのヤバさが冗談では済まされないことを思い知る。ケガで出遅れていた羽生は、練習から戻ってきた勇人たちを見て震え上がった。どの選手も、どす黒くすべての精気を吸い取られたような顔色だった。

2003年3月。この韓国キャンプに途中合流したオシムの初練習を体験した勇人は、同部屋だった羽生に「練習もヤバいですよ」と訴えた。その日の朝グラウンドに行ったら、コーチングスタッフが走り回っている。ビブスが足りない、マーカーが間に合わないなどと騒動になっていた。事前にトレーニングメニューは伝えられず、ピッチはカオスの状態だった。

さらにレギュラー組が韓国クラブとの練習試合に負けた直後から走らされていた。当時30歳前後で主力だった中西永輔や望月重良といった日本代表クラスの選手までもが、顔をゆがめて走っていた。ジュニアユースからジェフで過ごしてきた勇人からすれば驚きの光景だった。それまで控え組の若手は「レギュラー選手に厳しく（守備に）いったら怒られていた」からだ。コーチから「ケガしたらどうするんだ」と言われた。厳しい守備をして

©JEFUNITED

怒られる。それがプロの世界なのかと不満だった。

そんな状況で、オシムの改革は始まった。

ジェフは前シーズン、16チーム中ファーストステージは8位、セカンド11位。この年に入団した羽生は監督のジョセフ・ベングロシュに評価され、リーグだけで23試合に出場し2ゴールを挙げている。ケガで出遅れてはいたが、プロ1年目を満足できるシーズンで終えていた。

そんな羽生を筆頭に、チーム全体が満足しきっていたことをオシムは見抜いていた。

「おまえたちはなぜ自分の限界を決めてしまうのだ？　降格もなければ何もないポジションは居心地いいだろう。だが、中間順位で満足するなんて、豊かな人生と言えるだろうか」

そう言って羽生たちを鼓舞する一方で、プロの大人に罰走を命じた。選手らは「部活じゃねえんだよ」「高校サッカーかよ！」と毒を吐きながら仕方なく走った。

毎日のように誰かしらがグラウンドを周回するなか、オシム体制になって最初のころの羽生は罰走回数ランキングの上位にいた。ある日、ウォーミングアップの4対1でボール回しをしていたら、開始2分でパスミスが起きた瞬間「（罰として）羽生、走れ」と言われた。

サッカーは誰のミスかという断定が困難なスポーツだ。そのパスが短かったのか、長かったのか、速かったのか、それとも受ける側が予測していなかったのか。予測したとしてもその判断が遅かったのか。ミスの誘発因子の種類があまりに多い。

羽生は「100％俺（のミス）じゃないだろ!?」と不貞腐れた顔で走った。一周走って、何食わぬ顔で練習に入ろうとしたら「入れとは言ってない」と拒否された。

頭に血がのぼったまま走っていると、通訳の間瀬から呼ばれた。ピッチサイドに仁王立ちしたオシムは身振り手振りで話し始めた。167センチの羽生には、190センチの体がさらに巨大に映った。

「今のミスを試合開始2分でやってチームが失点したら、おまえは責任をとれるか？」

第2章
野心
「もっと上を見ろ。空は果てしない」
――羽生直剛

羽生はか細い声で「とれません」とつぶやく。

「だよな。チームに良い結果が残らなかったとき、最初にクビになるのは俺だよな?」

「あ、はい……」

「俺は責任をとる人間として、おまえには開始1分目から集中してもらうことを要求する」

このようにオシムが選手に個人的に言葉をかけることは、実はそう多くはなかった。羽生は「監督は腹をくくってるんだっていうのが伝わってきた」と振り返る。

対する羽生にも、覚悟はあった。プロ入りを決める際、周囲から「プロになるには体が小さすぎる」と不安視され「プレーしても3年で終わるんじゃないか」とネガティブな予測が寄せられた。ジェフ入り後も「運動量はあるけど走ってるだけだろ?」という声が聴こえてきた。

「だったら、3年間やり切ろう。力を尽くそう」と考えていた羽生にとって、オシムは灯台の明かりになった。

「おまえは小さい。相手とぶつかったら吹き飛ばされる選手かもしれない。だとしたら、一度ボールを受けて相手が潰しに来る前にボールをはたきなさい。それからすぐに動きなさい。動いて変化が起きなければ、また相手にとって危険なところに走りなさい。それをやり続けて、例えば90分間体を一度もぶつけられない選手になったとしたら、それはチームにとってこのうえなく有益だ」

オシム体制から数か月。チームが勝ち始めたころに言われたこの言葉は、羽生を変えた。

「おまえはプロとして十分やっていけるぞって肩を叩かれた気がした。どうすればいいかをあんなに具体的に言ってくれた指導者はいなくて……感動しました」

有益になるよう、もっと極めたいと純粋に思った。

「豊かな人生」を歩みたいと思い始めたのだ。もともと生真面目な羽生は、練習を完璧にこなさなくてはと自分にプレッシャーをかけるタイプだ。そのため「夜、練習が怖くて寝つけなくなった」

次の練習でいいパフォーマンスをしないと監督には通用しない。

レギュラーをつかめない。

七色ではすまない色とりどりのビブスを使ったトレーニング、その日アドバイスを受けた動き方が頭の中をぐるぐる巡った。

がばっと起きたら、練習開始には間に合わない時刻だった。慌ててグラウンドへ駆けつけたものの10分遅刻。コーチから「監督にせっかく名前を覚えられたのに。そんなんで評価を落とすなよ」と注意を受けた。

慌ててオシムのもとへ走って行ったら「ああ、入れ」と親指でピッチの方向を指しただけ。そこには怒りの表情さえなかった。

「監督は多分僕の様子を見てたんだと思います。日本の指導者は遅刻を怒って、選手は頭を下げながら聞いている。そういう文化なんだ、と。オシムさんのところに行ったら、別に気にしてねえよ、みたいな感じで。拍子抜けしました」

オシムはミスを繰り返すと怒ったが、一回のミスで何か言ってくることはなかった。そのうえ、遅刻には寛容だった。夜中にいくつもの海外サッカーをリアルタイムで観る自身も午前の練習を遅れてくることが少なくなかったが、価値観や文化の違いもあるだろう。

さらにいえば、ミスに対する感覚が当時の日本のサッカー指導者と大きく違った。羽生が自分のミスで落ち込んだり、ネガティブに捉えているとみるや否や、ピッチの上で呼び寄せて声をかけた。

「おまえがああいうミスをする選手だとは俺は思ってないぞ」

これらやそれに似た言葉を自分に限らずすべての選手にかけた。そのひとりである羽生は「一人ひとりの個性を大事にして、全員を丁寧にマネージメントしていた」と言う。多色ビブスやハードなトレーニングが取り沙汰されることのほうが多かったが、オシムの神髄は全員を丸ごと抱きしめるかのような丁寧なケアだった。

その結果、3年で終わると言われた羽生は16年のプロ生活を全うしたのだ。

「ジェフの日本代表化」は長期計画だった説

このようにして大きく成長した羽生は、オシムから「なぜもっと上を目指さないんだ？なぜ代表選手になろうと思わないんだ？」と言われていた。が、だからといって代表を目指すという明確な目標を自分で掲げたわけではない。

「オシムさんとの練習や試合をやりきった後に、何がついてくるかなんて考えなかった。そのとき何かご褒美があればいいや、みたいな感覚で僕は生きてましたね」

したがって2006年8月、メンバー発表がなされたときの本音は「極端に言えば、行

2006年にはオシム監督率いる日本代表に初招集され、"オシムチルドレン"の一人として活躍

きたくないなでした」。
監督がオシムだから選ばれたと見られてい
ることは感じていた。
「僕自身、客観的に見て自分が代表っていう
ところにいるレベルだとは思っていませんで
した。まだそこに入れる選手じゃない、と。
正直に言えば、ストレスとかプレッシャーで
しかなかった」
例えば、ジーコジャパンに日本代表候補
（50人）に入ったときのほうが「やった！」
と嬉しかったという。そして、代表に選出さ
れたジェフの選手はすぐさま「オシムチルド
レン」と呼ばれるようになる。
「3割は気恥ずかしさ。あと7割ぐらいのソ
ワソワした気分はもう不安でしかなかった。
オシムさんに選ばれないのも嫌だけど、僕の
プレーの善し悪しでオシムさんの顔に泥を塗るかもしれない。そのプレッシャーのほうが

大きかったです」

同じく選出された勇人は「純粋に嬉しかった」と語っている。選手の受け止め方はさまざまだった。

「良くも悪くも、そんなふうに僕はちょっとネガティブに考える選手だった。そのあたりをオシムさんはよくわかっていたから励ましてもくれたんだと思う」と話す羽生に加え、阿部勇樹、巻誠一郎、山岸智、佐藤勇人、水本裕貴らが名を連ねた。

これだけチームメートがいたのに、最初の練習の印象を尋ねると「必死になり過ぎて憶えていない」と言う。

「何をやったかどうかも記憶にないんですよ。(日本代表は)みんなやっぱ上手いなって感じたことしか……」

練習自体はジェフと同じメニューが多かった。集まった他クラブの選手は、羽生たちの想像以上に混乱していた。複雑な練習方法をなかなか理解できず「(ジェフは)よくこんな練習してるな」と呆れかえる者もいれば、「だから強くなるわけだな」とうなずくベテランもいた。選手たちから「これってどういうことなの?」と聞かれれば丁寧に答え、「これはこうやってやると、多分ですけど監督は『ブラボー』って言います」とコツを教えた。ジェフがそうだったように、日の丸を背負う選手たちもまた「オシムさんのブラボーが欲しい」と言い出した。

「申し訳ないが、この日本に君たちよりも上手い選手はいっぱいいる。私は、日本の選手で上から上手い順番で選んだわけじゃない」

代表監督に就任したばかりのころ、オシムは代表の選手たちにこう伝えている。自分がやりたい「日本のサッカー」をするためのピースなのだと伝えたかったのだろう。

「それと、上手いとされてる選手たちに何かを刺激を与えないといけない。そうじゃないと彼らが成長しないと考えたのかな。例えば上手い選手がテクニカルな選手を指しているとしたら、日本ではドリブルとかボールタッチとか細かいことのできる選手が上手いとされていた。それは見た感じ華やかな選手だったけど、これからはそうじゃないよ、っていうような意思表示だったように思います」

ジェフを率いたときから派手なプレーを嫌っていた。オシムサッカーを理解している羽生らの存在は、「日本サッカーの日本化」を推進するために欠かせなかったはずだ。オシムジャパン唯一の公式国際大会となったAFCアジアカップ2007は4位に終わったものの、ボールも人も走る躍動するサッカーは私たちを魅了した。2010年W杯南アフリカ大会では見たことのない景色が見られるのでは——メディアやファンに大きな期待を抱かせた。

「僕らがいればオシムさんがやりたいサッカーの意思表示になるし、練習の効率も上がります。それなので、僕はオシムさんが代表監督になることも、目の前にいた僕らを日本代表にすることも筋書き通りだったんじゃないか？　って思ったりします。もしかしたら最初から決めていたことかもしれません。ゾッとしちゃいますけども」

そのことについて、羽生は当時育成部にいた池上正と話したことがある。

「もし（オシムが病に倒れることなく）本大会まで行ったとしたら、ジェフの選手はどうなったのでしょうか？」

羽生が尋ねると、池上は「申し訳ないけど、羽生たちは外れたんじゃないかって思う」と答えた。言葉を選ばずにいえば「踏み台」となったかもしれない。

しかし、羽生は口惜しそうな顔をしなかった。

「僕もそんな気がしますと（池上に）答えました。でも、だからといってオシムさんに対しての気持ちが薄れるってことにはならないんですよ。なぜなら、オシムさんっていう人は『こいつらがいたからこそ今があるんだよ』って必ず言ってくれる人だから。最後に落選したとしても、オシムジャパンが強くなるために僕ら貢献できたっていう思いで結果を受け入れたと思う」

羽生のこの言葉に、熱いものがこみ上げる人は少なくないだろう。オシムは選手個々の努力や成長のプロセスを見逃さず、きちんと評価し励ました。敗戦後にロッカールームでゴミ箱を蹴散らしてミスした選手に激しい怒号を飛ばした後、記者会見ではその選手が異なる時間帯でいかに貢献したかをピックアップして褒めることもあった。

それは、怒った後に褒めちぎる「アメとムチ」のような単純な方法とは思えない。羽生に「努力と失敗を疑え」と伝えたように、同じ人、同じ事象でも、相反する見方ができることを私たちに伝えてくれたのかもしれない。

リスクを冒さない人生に成功なし

「ここは行くと決めたら行けよ。それは、サッカーも人生も同じだ。成功させるためには躊躇するな」

練習でプレーを止めては、オシムはよく話した。サッカーを人生と紐づけたアドバイスは、勇人同様羽生にとっても印象深い。

「僕ら選手は生きていくうえでサッカーからすべて教わっているはずなのに、セカンドキャリアで苦労する。一部のスター選手を除くと、現役が終わった途端に価値ないよねっていう見られ方もする。でも僕はオシムさんから生きる術というか、大事な哲学みたいなものを学びました。それを次のキャリアでも繋げたい」

そう話す羽生のビジネスは幅広い。古巣であるFC東京事業部のスポンサーケアを担当するほか、組織や人材開発に取り組む。そのひとつとして、アメリカのコンサルティング会社が開発した才能診断ツール「ストレングスファインダー」のコーチング資格を取得した。オンラインで177個の質問に答えることによって、34種類にカテゴライズされた自分の才能や強みを発見することができるというもので、これを個人へのコーチングや企業へのチームビルディングにも活用している。

ビジネス界隈の人たちと接して羽生が思うのは「日本人はどうしても平均を求めてしまう傾向がある」こと。それぞれ特性があるはずなのに、もっとコミュニケーションをとれたらいいのになどと否定から入る。それによって若者の自己肯定感や仕事へのモチベーションが下がるのだ。

「走れるけど小さくて弱いとか、大きいけれど足元の技術がないといったそれぞれの強み弱みを掛け合わせて、オシムさんはチームを作った。それによって結果を残せることを実際に体験した僕だからこそ、ある種の説得力をもって伝えられると考えました」

企業のミーティングに出ると、発言しない社員が気になる。多くの場合、上司と呼ばれる位置づけの人たちは社員たちの意見を促すこともしない。社員個々の強みを活用し、会社の戦力にしていかなければチームとして強くはならないのに——そう考えたときに頭に浮かぶのがかつての己の姿だ。

体が小さいし、走れるだけだと言われた。ピッチの隅で何もせずに終わる可能性のある選手だった。そこにオシムが現れ「おまえは十分それでいい。上を目指せ」と希望を与えられたのだ。

「オシムさんのような感覚の上司は多分、日本にいません。だから、社員のモチベーションも上がらない。今の若者は上昇志向がないって言われるけれど、そもそも上を目指す希望の持ち方やそれを叶える方法を知らないだけなんじゃないかと思う」

ジェフや日本代表時代、オシムは20個以上ボールを用意してゴール前での崩しのトレーニングを行った。途中でフリーズ（プレーを止めること）させ、相手をどう崩すのか、どうやってフリーの選手を生み出すのか、スペースへの入り方やプレーの成り立ちを説明した。そして、こう言ってくぎを刺すのだ。

「ただし、これはあくまでもサンプルだ。おまえたちは、これ以上のものを考えようとしてみろ」

選手たちへの要求は高かった。それは、高いレベルの結果や成果ではなく、プロセスにおける独自性や創造性を求めてくるのだ。そこが羽生の印象に残っている。

「僕らは、決められたことなんてほとんどなかった。セオリーやベースだけ伝えてくれて、あとは自分たちでピッチ上で考えてアイディアを出し合え、みたいな感じでした」

このため、練習や試合の運び方を話し合うとき、選手たちは皆それぞれが言いたいことを言った。選手に考えさせるシーンが多かった。

前章でオールコート1対1の際に「仲間が苦しんでいるのになぜ助けないのか？」と一喝され2対1になり、それが2対2、3対3、4対4と自然に人数が増えた話を伝えた。

このことを羽生は「日本人は決められた中でしかやれないし、決められたことを破って新しいことをしてはいけないと考えがちです。その意味で、オシムさんの指導はある意味カルチャーショックだった」と振り返る。

「引退して社会を見ていくと、すごくわかりました。オシムさんは日本人の短所も長所も見破っていた」

「誰かがリスクを冒さないと、ゴールは生まれない」

オシムはサッカーも人生も同じだと言い続けた。

「踏ん張るところは頑張りながら、時に思い切って自分で行かないとゴールなんて生まれないっていう感覚を教えてもらった。それを一般社会でもやること、これからもそのマインドでいることが僕の生きるモチベーションなんです」

リスクを冒さない企業文化は、昨今表面化した日本経済衰退の一因に挙げられる。今はリスクを犯してる最中ですね？　と羽生に問えば「まさしくそう！」と笑顔で答えた。

「オシムさんに、サッカーも人生も一緒でしたよって報告したいんですよ」

オシムは選手に自由な発想を求めながら「選手たちの発想で勝っていく」ことを徹底した。このことは企業経営で言えば「フォロワー（社員）のアイディアで利益を生みだす」ということになる。

「オシムさんのやり方って、人間の尊厳みたいなものを重視したうえで成り立っている。ポジションなんてあるようでないし。自主性に任せるっていうか。多少の濃淡はあるけれど、ジェフも、あのときの日本代表も、そういうチームだったと思います。それをセカンドキャリアのときに、何かそういう発想は皆さんなかなか持てない。自分で考えて、何かそのリスクを冒していくみたいな。サッカーも人生も一緒だ、なんて言った監督はオシムさんしかいなかった。それをひとつのフィロソフィーとして伝えていくのも僕のチャレンジだと思っています」

オシムの教訓「プロセスを見ろ」

羽生がこんな話を教えてくれた。

西野朗は2005年、ガンバ大阪をリーグ優勝に導いた。4位だったオシムと廊下で立ち話をした際「優勝すれば、次また優勝しなくてはいけない。勝ち続けるのは難しい。どうしたらいいんでしょうね」と尋ねた。すると、オシムはこう答えた。

「今までよりもっと高い要求を、練習のときから選手にするといい。今のチーム力を持続するのではなく、もっと進化するチームを作ることを考えなさい」

羽生はこの言葉を「成功を継続させる組織になるコツ」ととらえている。一度成功したら、それを続ければいいと考えてしまいがちだ。しかし、それでは次の競争に勝てない。そのたびにプロセスを見直し、新しいことに挑戦することが重要なのだ。

オシムは挑戦することが好きだった。監督に就任する際、複数のビッグクラブからのオファーを断わってジェフを選んだ。パリ・サンジェルマンを筆頭に何度も誘われていたが、もともと強いチームを率いることに魅力を感じていなかった。「挑戦」ではないからだ。ジェフも含め弱小の部類に入るクラブをトップクラスに引き上げるのを醍醐味とし、実際に成績も残している。

ジェフ時代、負けても「ナイスゲームだった」と白い歯を見せることがあった。その際こう言って鼓舞することもあった。

「おまえたちの振る舞い、プレーは正しかったと思う。だから、今日負けたけど俺は別に気にしない。どうやって次に向かうかが重要だ。明日からまたやろう。次に勝つ準備をしよう」

結果云々よりも、そのプロセスを評価されると人間は意欲的になる。これは脳科学でも明らかになっている。科学的なエビデンスがあろうがなかろうが、オシムは自身が理想とするサッカーを追い求めたのだろう。

「今日は勝っただけだ」と不機嫌なときもあった。握手もせずにロッカールームに消えたりした。そのような態度の違いで、羽生たちは「オシムの基準」を少しずつ理解していった。

基準のひとつが「エレガントなサッカー」だろう。常日頃から「サッカーはサーカスじゃないんだぞ」が口癖だった。大量得点すると、こう言ってチームを引き締めた。

「おまえたち、3点入って喜んでいるが、これはたまたまだ。こんなプレーでいいと思うな。これを続けていたら、来週は必ず足元を掬《すく》われるぞ」

そう言われても、選手はすぐさま兜の緒を締められない。翌週、本当に惨敗したこともあった。同様に「前半のプレーだったら、後半やられるぞ」と言われたあとの後半立ち上がりに失点した。選手は「やべえぞ。監督は予言者だ」とその言葉の一つひとつを受けとめるようになった。

前章で、プレーのプロセスを重視した話を勇人が伝えてくれたが、羽生は「すべてにわたってそうだった」と同調する。

「練習から試合に向かうまでの僕らの態度とか動きとか、観察力が凄かった」

例えば、羽生たちはその日のスターティングメンバーを、スタジアムに向かうバスの中で知ることが多かった。選手へのスタメン発表は試合前のロッカールームだったため、メディアがサイトにあげた情報のほうが先になる。

「おまえ、スタートだぞ」と言われ、驚く選手もいた。前日練習で控え組に入っていた者が先発メンバーになることは頻繁にあった。羽生自身、レギュラー組に入っていてもまったく油断できなかった。

「ギリギリまで努力する時間を与えたんだと思います。それに、先発する選手が偉いわけでもない、18人全員準備してほしいというメッセージですよね。例えば、今日はベンチメンバーか、ゆっくり音楽でも聞いて行きますみたいな感覚はなくなりますよね。全員が研ぎ澄ました状態でスタジアムに入っていくことを要求している感じでした」

このようなリーダーシップは、企業の組織作りにも応用できると羽生は考える。利益を上げた者がいたとしたら、そのプロセスに注目する。そこを支えた人たちにも目を凝らしチームとして評価することが大切だ。それをやれば、必ず強い組織になるだろう。

「そりゃあ強くなるのは必然だよなって思いますね」

このオシムの成功哲学を、ビジネスや人材開発に活かすつもりだ。羽生の前に、希望の空が広がっている。

羽生直剛（はにゅう・なおたけ）
１９７９年、千葉県生まれ。千葉県立八千代高校を経て、筑波大学に進学。２００２年よりジェフに加入、オシム監督に重用されてレギュラーに定着。日本代表として国際Ａマッチ17試合出場。ＦＣ東京、甲府でプレーしたのち、２０１７年にジェフに復帰。翌年に引退。２０２０年2月、「AMBITION22」を設立、代表を務める。

第２章
野心
「もっと上を見ろ。空は果てしない」
――羽生直剛

IVICA OSIM'S LEGACY

第3章

進化

「おまえが指示を出したら、
その選手が下手になる」

――小倉勉

コーチ失格

オシムがジェフの監督に決まったとき、その価値を祖母井の次に知っていたのは恐らく小倉勉だろう。天理大学を卒業した1990年にドイツに渡り、ヴェルダー・ブレーメンのユースなどを指導し92年に帰国してコーチとしてジェフに入団した。

「オシムさんに関しては、イタリアワールドカップでユーゴスラビアの監督だった人という印象が強かった。ストイコビッチにボバンがいてサビチェビッチがいて、みたいなスター軍団を率いた監督が来るのか！　と。本当にワクワクしました」

当時の旧ユーゴスラビア代表は、紛争が起きたため92年欧州選手権出場を断念。代わりに出場したデンマークが欧州を制した。そのことも挙げつつ「とにかくすごいチームをオシムさんは作っていた。ジェフに来るなんて夢ちゃうかと思いましたね」

欧州での暮らしを体験していたため、選手の度肝を抜いた「テーブルコンコン」にも違和感はなかった。小倉によると、例えば大勢で食事をして会話が弾んでいるとき。誰かがひとりで先に帰る際、何も言わずテーブルを拳でコンコンとノックして席を外す。つまり「お先に」と伝える挨拶のような意味でテーブルをノックする人は少なくなかった。

小倉が主に住んだドイツとオシムは縁が深い。母方の祖母はドイツ人。家庭内での会話はドイツ語中心で育ったことでドイツ語が堪能だった。よってドイツ語を話せる小倉は、時に通訳を介さずオシムとコミュニケーションをとった。

ある日のこと。練習試合中、小倉はベンチの前に立ったまま指示を出していた。すると、オシムが近づいてきた。

「オグラ、ちょっと黙れ」

眉間にしわを寄せ不機嫌な様子で言われた。が、小倉は特に間違った指示は出していないので「いや、選手に指示を出しているだけです」と返答した。

「おまえが指示を出したら、その選手が下手になる」

まさかの「指示禁止令」である。一体どういうことなのだ。そこはいったん黙ったものの、試合後にオシムに理由を尋ねると丁寧に答えてくれた。

「ミスをする選手には大きく分けて2通りある。選択肢がいっぱいありすぎて判断が遅れてミスをする選手と、選択肢がなくて判断が遅くなってミスをするやつだ。おまえ、その選手がどちらになるかとか、その違いがわかるか?」

小倉は「いや、わかりません。わからないです」首を横に振るしかない。

「おまえの指示は全部同じなんだよ。選手がミスしたとき、理由は概ね三つある。状況を最後ギリギリまで見極めていたからプレーが遅れて(ミスが)起きたのか、選択肢がひとつしかなくてその判断を潰されたのか。三つめは、選択肢がたくさんあったから判断が遅れたのか。そんなふうに異なるミスをした選手を、おまえは同じように扱っている」

納得するしかなかった。

「おまえはもう指示を出すな。創造性のあるやつが下手になる」

その理由を聞いて理解できた小倉は「どうすればいいのか」と考え始め、その様子を見て取ったオシムは珍しく〝アドバイス〟をくれた。

「そういう選手には、まず何が見えていたかを聞いてやることだ。そこで、選手はこれこれを見たと答えるだろう。ああ、そうかと受け止めてやればいい。次に同じミスをしないためには判断を素早くすることだ。プレーを早くひとつに絞らなくてはいけない設定をしたトレーニングをすればいい」

オシムが言った「その選手」は、水野晃樹だった。後に代表入りしセルティックでプレーした水野は「アイディアというか選択肢をたくさん持った創造性豊かな選手だった」（小倉）。その才能をオシムは見抜いていた。

「オグラ、おまえが言い過ぎると、あいつの選択肢が狭まる」

具体的に説明もしてくれた。例えばクロスを上げろとコーチが言い過ぎると、クロスしか上げない選手になる、と。水野は本来左でクロスも上げられるし、かわして右でも上げられる。ひょっとしたらワンツーを叩いて前に出て行ける。そんな可能性を持っているのに、小倉がそれを言うことによって水野の選択肢を狭めてしまう。

「言わば、選手のアイディアを潰してしまうわけだ。そういう指導はダメだ。その選手がどういう特徴を持ってるか、どういう才能を持ってるかっていうのをもっと見ろ。プロのコーチだったら、それぐらいのことをしなくてはいけない」

オシムは普段、コーチらと「レミー」と呼ばれるトランプゲームに興じながらサッカーの話をすることが多かった。かしこまってミーティングをやることはほとんどなかった。

「僕らがピッチに立ってるとやって来て、今日の練習はこうやったなとポロッという。水野の話をしたときも雑談の延長。立ち話です。でも、僕の頭には鮮明に残ってますね」

当時小倉はまだ30代。プロのコーチになって6年ほど経ったころだ。

「日々気づき学ぶことばかり。コーチも選手もみんなそうやったと思います。目の前に選手はおるわけで、本当は学んでる場合ちゃいますよね。でも、当時の僕らあそこまで追いついてなくて。選手が一所懸命オシムさんに食らいついて走ってる。それを見てコーチも頑張る。それを選手が見てくれて俺ら頑張らなあかんなっていうふうに思ってやってたっていう感じですかね」

選手ができないのはコーチが悪い。時に、そんなジョーク入りでコーチにも罰走が命じられた。

「走れ」

選手やコーチへ一斉に向ける言葉は、いつも短い。短いが、深い。それぞれに何ごとかを考えさせる。そのなかで小倉の印象に残っているのは、監督就任直後の韓国遠征を終えた日の言葉だ。

「これは序章に過ぎない。帰ってから本格的に練習する」

すでにシーズン開始まで残り2週間を切っていた。優勝だとか、Aクラス入りだとか目に見える目標などは一切掲げない。だが、選手やスタッフに「これから本章に入るから準備しろ」というメッセージとして伝わったと小倉は言う。この5か月後、ジェフはリーグファーストステージの優勝争いをするのだ。

「オシムマジックとかいろいろ言われましたけど、決してマジックなんかじゃない。指導のすべてに経験に裏付けられた根拠がありました。当時はわからなかったことも、僕自身が経験を積んだ今になって気づくんです。(オシムの指導を)まだ整理しているような感

第3章
進化
「おまえが指示を出したら、その選手が下手になる」
——小倉勉

じですかね」

すべて整理するには一生かかるかもしれない。整理しきれないかもしれない、と小倉は言う。ジェフ、日本代表と5年弱続いたオシムとの時間は、そのくらい濃厚だった。

「サッカーの普遍」への挑戦

「選手の創造性を奪うな」


創造性、英語でいうクリエイティビティをオシムは重要視した。過度に細かい決まりごとはなく、自由で創造性あふれるプレーを好むそのサッカーは、人とボールが連動し観ている者をワクワクさせた。オシムは「創造性を与える人」なのだ。

「ただ、自由をはき違えてはいけません。自由っていうのは選手が勝手にやっていいっていうことではない。そこには、選択肢があって、判断があって、初めて自由がある。そこをわかったうえで、自分でどうアレンジしていくか。その本筋を押さえられていればいいのかな」と小倉は説明する。

つまり、自由という名のセオリーがあったのだ。小倉は「あくまで僕なりの解釈やけ

オシムが日本代表監督に就任後はコーチとしてオシムを支えた

ど」と前置きしたうえで、オシムのコーチングを「サッカーの普遍性への挑戦」と表現した。サッカーのトレンドがどう変わろうが、選手の創造性という「普遍的なもの」がある。これはラグビーやバスケットボールなど、他の球技系スポーツすべてに言えることだろう。

ひとつの場面に、多くの選択肢があることをまず選手に理解させる。そのなかでどれを判断するか。小倉によると、オシムの練習には判断の要素が入っていないものはほぼなかったという。日本でオシムの練習と言えば多色ビブスを用いた方法が有名だが、ビブス自体にそこまで意味はない。見て判断するための制約や負荷をつけるためのツールであり「それまで自分の感覚でプレーしていた選手に、見て判断する力をつけた」。

小倉は2023年シーズンから東京ヴェルディのヘッドコーチに就任。トップチームの選手たちにその練習を行っている。

「一緒にやっていた時代からもう十数年経ちますが、当時やっていたものはまったく色褪せない。選手はみんな意欲的にやってくれますし。最新の練習だと思ってやっているかもしれません。オシムさんは10年後、こういうサッカーになるから、とよく予言めいた話をしてくれました」

そんなオシムの予言はことごとく当たっている。


「昔の守備はマンツーマンでマンマークをやっていたのがゾーンプレスになって、次にポゼッションサッカーの時代になった。次は前からガーッとプレスに行って。そこからまたオールコートでマンツーマンみたいな時代にまた戻るだろう」


小倉が10年ほど前に聞いた話だが、まさしく2023年の今そうなっている。ポゼッションをやりながらも、奪ったらすぐ前へ運ぶ。

「オシムさんがやろうとしたのは、選手にアイディアの提示をしてその中でどれを選択するか。相手や味方の状況を見て選択しなさいよっていうことです」

そして最後は「俺の示した選択肢を超えろ」と選手に創造性を求める。右に行くかなと周囲が思ったところで左に行っただけでは褒めない。前後左右の選択肢がありながら斜めに動いた選手に初めて「ブラボー」と声をかけるのだ。

例えば、オールコート1対1から3対3になってどんどん人数が増えていった練習について、小倉は「限りなく試合に近い状態にしたかったのだと思う」と話す。一対一から増えたり減ったりを練習で繰り返すのだが、局面で見ると、3対2であったり、1対1だったりとその瞬間で変わる。今飛び出していかなきゃいけないとか、飛び出していったら（守備が）ついてくるから次どこに動く？　と変化に対応していくわけだ。そうすると、試合になったとき「こういう場面、練習であったな」と対応できる。

「試合でベンチから『行け』って声がかかれば、選手は行くじゃないですか。でも、ひょっとしたらそれを言われた時点でもう遅いわけです。言われてから行っても相手（守備）もついてくるからタイミングが遅れてしまう。僕はラッキーなことにジェフも代表も一緒にやらせていただいたので、そのあたりを理解できて選手にも伝えられたのは良かったです。オシムさんの練習は、そのすべてにインパクトがありました」

ただし、小倉が述懐したようなオシムトレーニングの〝からくり〟は、あくまでも小倉

第3章

進化

──小倉勉

「おまえが指示を出したら、その選手が下手になる」

たちコーチの見解であって本人から何ら説明を受けていない。

「練習メニューの説明？　それより、サッカーを見ろ」

オシムは選手だけでなくコーチたちにも自ら学び取ることを求めた。これについて小倉は「サッカーのコーチも実際は職人芸みたいなもの。弟子は師のコーチングを見て学ぶ。この練習をどのようにやるか、もしくは選手にどう伝えるか。それによってどうなるか。すべて見て学ぶ。例えば、料理人や大工さんも手取り足取り教えませんよね。名工になればなるほど。同じだと思います」

選手は生身の人間だ。感情がある

指導力を鍛えられた小倉だが、最も胸に刺さったオシムの言葉がある。

当時のジェフは試合がナイターの場合、午前中に練習をしてから会場入りするのが常だった。先発選手11人は軽く体をほぐす程度に動かす。一方で、サブの選手はエントリー以外の選手と練習をしてから行くのだ。したがって、この練習で誰が先発で誰がサブなのかはわかる。

コーチの小倉はレギュラーとサブメンバーに声をかけて全員バスに乗るよう促した。さまざま手はずを整えて、おもむろにメンバー表を見たら、サブの顔ぶれが違う。ひとり替わっていた。オシムは選手の動きや顔を見て、メンバー表提出のギリギリで変えることもあった。

小倉は「スタッフが書き間違えたのかもしれない」と思いオシムに確認したら「いや、これで行く」と言う。その瞬間、自分でも顔が真っ青になるのがわかった。噴き出した額の汗をぬぐいながら「実は選手に言ってしまいました」と伝えた。

沈黙が流れた。

「このチームの監督は誰だ？」

オシムさんです。

「いや、おまえは監督か？」

いいえ、違います。

「俺は最後の最後までいろいろ考え決断している。この選手を外して、この選手を入れるといったことを決めるのは大変な作業だ。選手には家族もいる。子どもがいるやつもいる。それでも俺は決断しなきゃいけない。それを軽はずみにおまえが伝えたことによって、この選手をバスから降ろさないといけない。おまえはそれを誰かに頼むのか？　マネージャーに頼むのか？」

（そんな……。自分で行くしかないじゃないか……）小倉は「いや僕が行きます」と伝えた。

「俺たちは、それぐらいの決断を毎試合しているんだ。監督だけじゃなくて、おまえたちもそうだろう。だから、そこは慎重にも慎重をきたせ。選手はモノじゃない。右から左に簡単に動かしていいものじゃないんだ。生身の人間だ。感情がある。その扱いを間違えるな」

小倉はダッシュでバスに駆け込み、サブから外れた選手を探した。

「申し訳ない。俺のミスだ。メンバーが替わったからバスを降りてくれないか」

小倉はそのベテラン選手に「こころから詫びなければ」と必死だった。

「指導のやり方や、練習のノウハウよりも、このときにオシムさんに言われた言葉が残っていますね。そういった一つひとつの人生の教訓じゃないですけど、人としての向き合い方を教えられました」

小倉は指導者生活を経て、横浜マリノスでGMに。監督以上にダイレクトに選手の人生を左右する立場になった。選手それぞれの背後には家族がいることを意識しながら仕事をした。

また、小倉以外のコーチが「Aが最近調子がいいので、Bと入れ替えませんか?」と提案したときも、オシムは雷を落とした。

「この選手の後ろには家族がいるんだぞ。なぜその選手のほうがいいのか、ちゃんと裏付けがあるのか? 別に俺に意見を言うなということじゃない。ただ感覚でとか、なんとなくでものを言うな」

小倉は筆者とのインタビューで「失敗談ばかりで恥ずかしい」と幾度となく言った。穴

2023年シーズンより東京ヴェルディのヘッドコーチに就任
©TOKYO VERDY

があったら入りたい、と。とはいえ、小倉はジェフから代表へとオシムに連れて行かれた。オシムが最後に率いたクラブがジェフで、最後に代表監督をやったのが日本になったが、その両方でコーチとして支えたのだ。

その後、オシムは病に倒れ日本代表監督から退いたが、小倉はコーチとしてそのまま残った。後を引き継いだ岡田武史とは、かつてジェフでお互いにコーチをした仲である。２０１０W杯南アフリカ大会出場を決め、本大会では二度目のベスト16進出を果たした。主催国だった日韓W杯を除けば、他国の主催大会で初めての予選ラウンド突破である。その2年後には、U－23日本代表のヘッドコーチとしてロンドン五輪で44年ぶりの4強入り。いずれも小倉がスタッフの一員として貢献したことは言うまでもない。

オシムは、選手だけでなく指導者をも成長させた。そのひとつの証左と言えるだろう。

そして、逝去からおよそ半年後に開幕したW杯カタール大会で日本はドイツ、スペインを下したものの、またもベスト16に終わる。４大会阻まれてきた8強への壁を打ち破るには、日本独自のサッカーの確立と効果的な育成が求められる。

「そのヒントというか鍵は20年前にオシムさんが渡してくれている気がします。これを活かしていかなきゃいけないのは、選手じゃなくて、僕ら指導者。指導者の意識改革が必要です。選手は指導者の映し鏡のような存在ですから」

つまり、選手だけが素晴らしく進化して、指導者はそうでもない、という状況はあり得ないというわけだ。

20年前と比べ海外でプレーする選手は大幅に増えた。当時は欧州でプレーする選手は20人程度だったが、現在は１００人超。レギュラーになって通用している数は数倍になる。

「つまり、選手は世界レベルの環境でプレーしているわけです。しかし、残念ながら指導者がそこに到達していない。今後は欧州でキャリアを積む指導者が出てくるのが望まれる。ただ、現在は世界のサッカーは映像でも見られるし、体感しないまでもコーチングのヒントを探すことはできます。僕らはとにかく、新たなもの、異なるものを受け入れること。それを恐れないこと。これが重要だと思います」

新たなもの、異なるもの を受け入れる——日本人が一番苦手なことかもしれない。そう

第３章

進化

「おまえが指示を出したら、その選手が下手になる」

——小倉勉

考えると、異物そのものだったオシムを、小倉たちは受け入れるしかなかった。逆に言えば失うものがなかった。だからこそ、受け入れる勇気が生まれたのだ。

「それがどれだけ幸運なことだったたか。指導をやっていると日々実感するんです」

小倉勉（おぐら・つとむ）
1966年、大阪府生まれ。天理大学卒業後、同志社香里高校で指導者のキャリアをスタートさせ、ドイツでも指導経験を積む。1992年からジェフでコーチや強化部を歴任、2006年からA代表のコーチとしてオシムジャパン、岡田ジャパンを支え、4強入りした2012年ロンドン五輪ではヘッドコーチを務める。その後、大宮監督などを歴任。23年シーズンより東京ヴェルディトップチームヘッドコーチに就任。

IVICA OSIM'S LEGACY

第4章

探究

——池田浩

「限界に限界はない。限界を超えれば、次の限界があらわれる」

61日間休みなし

チームドクターは、心配でたまらなかった。

目の前の選手たちは、息を切らせて懸命に走っている。だが、ボールはまともに繋がらない。それぞれの判断もサポートも遅いのに、監督は「パススピードを上げろ！」と高速パスを要求する。パスを受けに来る味方に合わせてボールスピードを落とすと「遅いっ」と雷が落とされるのだ。

「もう全然サッカーになってなくて。専門家でもないし余計な心配かもしれませんが、これで大丈夫かなとハラハラしていました」

そう話すのは、当時ジェフを任されていた池田浩だ。茨城県の名門日立一高サッカー部出身で、順天堂大学医学部大学院在学中に古河電工サッカー部のドクターに。その後Jリーグ発足からしばらくして、ジェフのチーフドクターになった。

オシムがやって来る前は、合宿には帯同するものの、練習日にクラブハウスを訪ねるのは1週間に1回だけだった。練習を見て、ケガ人のチェックをしたら監督に報告し、週末は公式戦に足を運ぶ。公式戦約40試合はドクター5人が交替で担当したが、池田はチーフなので、その6割を請け負った。

ところが、オシムが「ドクターが変わると選手のメンタルに影響するから、公式戦の帯同ドクターはおまえひとりでやれ」と池田に命じたのだ。当時、ひとりのドクターが専任でつくのは、浦和レッズ、ガンバ大阪、名古屋グランパスといった大きなクラブだけ。ドクターを雇用できるのは資金力があるからこそである。これに対し、ジェフは勤務医や開業医が本業の合間に自分の時間を割いていた。そのなかで池田ひとりが、順天堂大学での病院勤務をこなしながらほぼすべての公式戦に帯同する。異例のことだった。

なにしろチームドクターの仕事は多岐にわたる。選手の入団時などにメディカルチェックを翌朝までにやってくれとか、外国人選手の夫人が発熱したので今から見てほしいといった要望にも応えなくてはならなかった。

そのうえ、キャンプ後の3、4月は、途中からリーグ戦も開幕したというのに丸々二か月、61日間オフは一日もなかった。困ったのはそれだけじゃない。オシムジェフで「スケジュール表」が配られたことはほとんどない。練習後にようやく翌日の集合時間が決まるのだ。チームから「オシムさんが今日は午後ではなく午前10時から練習を始めると言っている」などと突然連絡が入ることも少なくなかった。

この当時、池田の家には幼い息子と娘がいた。子育ては全面的に妻任せであった。午前中に大学へ行って仕事をした後、いったん自宅へ戻ってからジェフの練習に出かけようと

第4章

探究

「限界に、限界はない。限界を超えれば、次の限界が現れる」

——池田浩

する父に、娘がこう言った。

「お父さん、今度またおうちに遊びに来てね」

池田がたまらず「なぜ予定表を作らないんですか?」とオシムに聞くと「休みに合わせて遊んだり、デートするからだ」と返された。選手にはこう言い放った。

「選手が疲れているかどうかを判断するのは私だ。それに、おまえたちは休んでるじゃないか。今日の練習は午前中で終了した。明日は夕方からだ。ということは24時間以上休みを与えている」

記者からの「選手を休ませないのか」という質問にはこう答えた。

「忘れないで欲しいのは、休みから学ぶものは無いということ。選手は練習と試合から学んでいくものだ」

選手もコーチも池田も、最初からオシムに振り回され続けた。

ところがある日、池田は自分の仕事を忘れ一瞬練習に見入ってしまう。

「ボールが繋がるようになってたんです。あれ、選手たち、上手くなってるぞと驚きました。キャンプから帰って来て3週間くらいでしょうか。医者の僕が言うコメントではないかもしれませんが、まるで別のチームを見ているかのようでした」

一方で池田は「オーバートレーニングになっているのではないか？」と心配もしていた。選手はかなりの負荷をかけられていたからだ。試合翌日も休まず練習する。大学や社会人チームとのトレーニングマッチが入れられるときもあった。ケガ人を出してしまえば、ドクターの責任だ。

優勝争いを演じ3位に入ったファーストステージを終え、セカンドステージに入る前にミニキャンプが行われた。すると、1日で2人も肉離れを起こした。池田は「監督にメディカルに問題があると言われるんじゃないかと内心ドキドキした」が、報告に行くとこう言われた。

「いや、今みたいにやっていれば、あと2、3人（ケガ人が）出てもおかしくないぞ」

池田は「拍子抜けしました」と苦笑する。

「それとともに、オシムさんはどれだけ厳しいトレーニングを選手がやっているかをわかってやってるんだと思いました。その後、そのときの予言通り、実際に故障者は増えたのです」

池田の手元にあるジェフ時代のデータを見ると、2003年に17人、04年に22人と肉離れを起こす選手が増えていった。オシムはうまく選手を回していたのでそんなに目立たなかったのは、若い選手を軸にした布陣だったからだ。その陰で、ベテラン選手がどんどん壊れていった。それでも、オシムは手綱を緩めない。

「(練習の)やり過ぎなどではない。とにかくトレーニングしなくちゃいけないんだ」

その後、衝撃的なことが起きる。2005年、06年になると肉離れを起こす選手が半減していた。勇人も羽生も「あんなにハードに練習していたのに、ケガ人が少なかった」と記憶している。池田も当時は「なぜ減ったん

乳酸テストの結果が改善

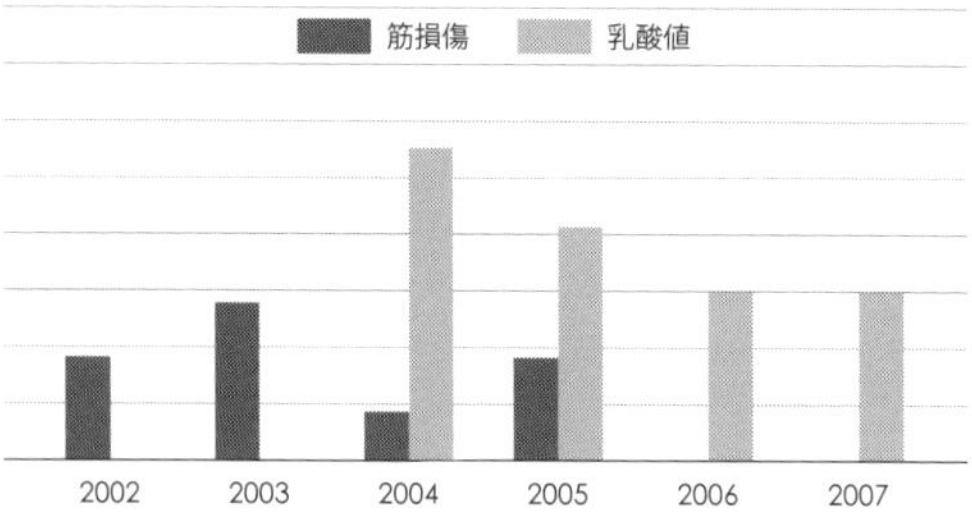

だろう？　以前と同じように厳しい練習をしているのに？」と不思議でたまらなかった。

猛練習でもケガ減少の理由とは

選手にそのころ施したメディカルチェックの結果を見ると、筋力に変わった様子はない。ただ、乳酸テストの結果が著しく向上していた。要するに、選手は乳酸がたまりにくい体に変化していた。これが肉離れなどケガの減った大きな要因だと考えられる。

特に、レギュラークラスで20代前半の若手選手は顕著だった。例えば豊富な運動量が持ち味の羽生などは毎年肉離れを起こしていた。羽生自身も「年に一度は（肉離れで）一か月は離脱しなきゃならなくなることを、毎シーズン想定していた」と話している。

ところが、２００６年のケガ人リストに、彼の名前はない。

「彼の乳酸テストの結果も急激に良くなっている。これがすべてとは言いませんが、ひとつの背景ではないかと思います」と池田は振り返る。乳酸がたまりにくければ当然筋持久力は増す。選手たちは負荷をかけ続けることで、縦横無尽に走れ、なおかつケガをしない体になっていた。

また、オシムは、練習後に自主トレをしたがる選手をこう言って諌めた。

「（居残りの）シュート練習も、筋トレもやらなくていい。俺のトレーニングに全部入っている」

つまり、自分が用意した練習をやれば体もつくれるというわけだ。このことについて、池田は「オシムさんが言ったことは本当だった。それがひとつの結果になって表れたんでしょうね」と唸った。

池田によると、肉離れを起こすのは「比較的コンディションがいいとき」だという。気分良く張り切って走っていたのに、突然太もも裏を押さえながら倒れ込む。選手から「今日は体がキレてたのに」とこぼすのを何度も聞かされた。

「体が動くからつい行き過ぎちゃうのかもしれません。本当はそこまでやらなくていいのにやってしまう。そういうときに起きるようです」

よく似た状況で思い出されるのは、2004年7月29日に国立競技場で行われたレアル・マドリードとの親善試合だ。オシムに二度もオファーを出した銀河系軍団は、これ以上ない豪華な顔ぶれだった。左サイドバックはロベルト・カルロス。中盤にベッカム、フィーゴ、グティで前線にラウル。ベンチにはジダンがいた。この特別な試合、オシムは「選手全員を出してやりたい」と言ってはばからなかった。

「ドクトール（ドクター）、山岸はいけるか？」

このレアル戦前、オシムから山岸智の先発出場を打診された。肉離れで離脱して4週間が経過。戦線復帰のタイミングをちょうど探っていたときだった。20歳の右サイドのアタッカーにロベカルとのマッチアップを体験させたかったのだろう。

圧痛はすでにない。筋力測定の値もOK。肉離れの復帰基準はすべてクリアしていた。池田は「問題ないでしょう」GOサインを出した。

後半5分。それまで快調にプレーしていた山岸は肉離れを再発。交代を余儀なくされた。肉離れの再発は治すのに時間がかかる。再起するまで結局8週間程度を要した。

池田は（怒られるのではないか）と気が気ではなかったが、このときもオシムは何も言わなかった。頭の中に、自分たちが言われたオシムの言葉が浮かんだ。

「メディカルも当然リスクを負うんだ。われわれはチームとしてリスクを冒している。だから、あなたたちも、ともにリスクを負う必要があるんだ」

これに関連する話はいつも示唆に富むものだった。

例えばプレミアリーグでは、それぞれのクラブのスター選手が出るか出ないかで客の入りが変わってくるうえ、テレビの放映権料にも影響を及ぼす。したがって負傷した選手の離脱や復帰にかかわるメディカルグループ、つまり池田らドクターやトレーナーも大きなリスクを背負わなくてはいけない――そんな話をたくさんした。そのたびに「リスクがないサッカーは面白くない」と言いながら首を小刻みに振るのだった。

「リスクを冒して失敗したら、褒めてやるんだ。その代わり、次に同じ失敗をしないようにすることを考えてもらう。そうやって選手は成長する」

池田は「もしかすると、僕らもそういうふうに成長させられたんでしょうね」と微笑みながら当時に思いを馳せる。

レアル戦から3か月後の10月17日に日本平スタジアムで行われた、Jリーグセカンドステージ第9節清水エスパルス戦。オシム体制2年目にしてスーパーサブにのし上がっていた林丈統は、膝の半月板を痛めていた。練習は出ていたが痛みはあり、18人のエントリーメンバーに入れるかどうか微妙な状況だった。コーチングスタッフがいる場面で、オシムが池田のほうを見て言った。

「おまえが決めろ」

池田がオシムの信頼を得た証だった。え？　なんでオレ？　一瞬たじろいだが「えー、（痛み止めの）注射をすればいけます」と答えた。

激戦になった。前半はスコアレスドローだ。後半8分にサンドロが得点しリードしたものの、25分に伊東輝悦が同点打。ホームのエスパルスは勢いづき、追いつかれたジェフに焦りが見え始めた32分、オシムはサンドロに替えて林を投入した。

「祈るような気持でした。試合終了まで何とか持ちこたえてくれ、と」

池田の祈りに応えるかのように、林は決勝ゴールを決めてみせた。

「痛み止めの注射をしてね。で、決勝ゴール

第4章
探究
「限界に、限界はない。限界を超えれば、次の限界が現れる」
——池田浩

を決めちゃったんです」

池田はまるで昨夜行われた試合を振り返るかのように、興奮気味に語った。どれほど嬉しかったのかが垣間見えるのと同時に、オシムから最終決定を任された「重さ」が伝わってきた。

「プロのサッカー選手がどこも痛みがなく出られる試合なんて、何試合あると思ってるんだ。サッカー選手にとって痛みなんて日常なんだ」

そう言って、オシムは選手時代の終盤はほとんどの試合で痛み止めの注射を打って出場していたと話してくれた。さらに、痛みのためにトレーニングをコントロールしたり、負荷を軽減して調整することも許さなかった。

「試合に使いたいからといって、練習をコントロールするのは絶対ダメだ。痛みがあってもトレーニングを優先させる選手しか出さない」

実際に、痛みがあるからと練習を休む選手は起用しなかった。当時は週末にリーグ戦などがあったため、ほとんどの場合は水曜日に大学生などを相手に練習ゲームをやったが、その試合に出なければリーグ戦では起用しない。それは外国人であっても同じ条件だった。これは日本代表監督になった後も貫かれた。別調整の選手は使わないと断言して新聞記事になったが、ジェフの選手やスタッフは何を今さらという感覚だった。

当時痛みに関する考え方は「選手の痛みを全部取ってあげること」がメディカルの役目のように池田は感じていた。

「医者の立場からすると、ケガ持ちだったり痛みのある選手は試合に使わない。休ませるのが一番なんです。それが最もセファティ。そうすればリスクを回避できる。無理に試合に起用するのが一番のリスクなんです」

だが、オシムは違った。選手のリスクがどの程度なのかを客観的に判断して、そこをチャレンジするかどうか。痛みと共存させるリスクをとる。そこがメディカルの腕の見せどころだと教えてくれた。

起用する側はもちろんだが、選手からしても「ここで出場しなくては」というチャンスや瀬戸際の場面がある。そこを踏まえ、池田は「痛みを抱えている選手の対応についても、あらためてオシムさんから学びました。本当に勉強させてもらった」と言って頭を垂れた。

第4章

探究

「限界に、限界はない。限界を超えれば、次の限界が現れる」

——池田浩

「限界に、限界はない。限界を超えれば、次の限界があらわれる」

オシムのこの言葉を、池田は大切にしている。次々に出現する「限界」に挑み続けた結果、見たことのない景色に出会えたのだ。林のゴール然り、チームの躍進然り。また、チーム全体のありようを俯瞰で見ると、さまざまな革新が起きていた。

まず、選手が「休みたい」と言わなくなった。練習以外は体を休め、健康管理に注意するようになった。きちんと食事を摂った。飲みに行くこともなくなり、サッカー中心の生活を送るようになった。

2006年ジェフのチームドクターとしてナビスコ杯連覇にも貢献
（左はキャプテン・阿部勇樹）

医学的な面をみると、内科疾患までぐっと減った。風邪や腹痛はもちろんのこと、体調不良がほとんどなくなった。

「オシムさんのサッカーは楽しかった。試合を観ていて、ワクワクしました。自分たちが負けても、楽しかったです」

負けても、楽しい。

池田はさまざまな学びとともに、スポーツの本質をも満喫したのだった。

背中を押してもらった代表ドクター就任

オシムがジェフを去り、日本を後にしてからも、池田は変わらずジェフのチーフドクターを務めていた。2008年からは日本サッカー協会の医学委員会副委員長を任された。日本サッカーはと言えば、オシムの跡を引き継いだ岡田が、2010年W杯南アフリカ大会で二度目のベスト16に進出。その年、池田は日本代表のチームドクター就任を打診された。次の14年W杯ブラジル大会を目指す「ザックジャパン」をその手で支えるのだ。

大いに迷った。

「ジェフのドクターを辞めなくちゃいけませんから。問題がなければきっとそのままチーフでずっとやっていけるだろうと思っていました。でも、一度辞めてしまうと、代表が終わった後に戻るわけにはいきません」

退路を断たなくていけない。そこで胸に蘇ったのが、オシムの言葉だった。

「限界に、限界はない。限界を超えれば、次の限界があらわれる」

もうひとつ、オシムと話した中で出てきた言葉。

「今のその人生に満足していると、人間成長しない」

池田は「リスクを負ってでもチャレンジする人生を選ぼうと決意して」日本代表のドクターを引き受けた。

「オシムさんのもとで、コンディショニングのことなど本当に勉強しました。メディカルの仕事は、ケガだけ直せばいいってわけじゃないことがわかった」

探究に探究を重ねたオシムとの経験をもとに、ザックジャパンでも新たな試みに取り組んだ。そのひとつが定期的な血液検査の実施である。それまでの日本代表は例えば1週間ほど合宿をやったら解散。体調（コンディション）を確認する術は、ほぼ選手個人の感覚や意見が主だったものになるため、客観的に選手の状態を把握するためのデータとして血液を定期的に検査することにした。

概ね年に5回程度。23選手全員の血液を調べることで、直ちに治療が必要な疾患や貧血が見つかるケースもあった。さらに、体内のタンパク質量が落ちているといったこともわかるため、栄養士に食事管理をしてもらうなど先に先に手を打つことができた。

「客観的に選手のコンディションを把握するという意味で良かったです」

実施できたのは他のスタッフたちの支えがあったからだと池田は言う。イタリアからザッケローニが連れてきたフィジカルコーチはイタリアの体育大学での教員歴があったため、専門的な知識も豊富だった。他にも古河電工時代からよく知るコンディショニングコーチの早川直樹や、オシム時代のジェフでともに過ごしたアスレティックトレーナーの前田弘が協働してくれた。

泣きながら電話をしてきた乾

ＦＩＦＡランキング13位まで上り詰め史上最強と言われながら1分け2敗に終わったザックジャパン解散後、代表のチームドクターではなくなった。が、協会からの要請もあって２０１７年から代表ドクターに復帰。池田の代表でのチャレンジは、２０１８年W杯ロシア大会まで続いた。

開幕までひと月を切った5月。スペインリーグでプレーしていた乾貴士から、夜中に泣きながら電話がかかってきた。太ももに血腫ができ「ワールドカップに出られへんかもし

2018年 W 杯ロシア大会では日本代表のメディカル面を支え、ベスト16進出に寄与した

れません」と言う。所属するエイバル側は手術をしたい意向だった。しかし、手術すればW杯本大会出場は完全アウトである。

乾から詳しい話を聞いた池田はすぐさま情報を集め、血腫を溶かす薬で治療したい旨をエイバルと交渉。乾は極秘帰国し、痛みの伴う治療や苦しいリハビリにも耐え、登録にギリギリ間に合わせた。

治療の間、池田はエイバルに定期的に提出するレポートを作成するなど奮闘した。国の代表での活動中も、治療の選択権は基本的に所属チームにある。つまり日本代表はエイバルから乾をレンタルしてもらっているのと同じ状況だ。よってその都度了承を得なければならなかった。

他方、ブラジルの反省をロシアに活かすべく尽力した。定期的に血液検査を実施しコンディショニングに気をつけていたにかかわらず、ザックジャパンは大会前の疲労が抜けきれず、一次リーグ敗退という反省が残った。そこで、池田は血液や唾液を定期的に採取して体調や疲労度を把握し、常にベストコンディションを保てるよう、トレーニングを個別調整し得るためのデータを提供した。全体で行っていたことを、個々の状態に最大限アジャストさせるよう努めた。

そのようなサポートがされたことで、大会本番は選手たちの走行距離が伸びた。ベルギーとの決勝トーナメント1回戦は、残り1分で高速カウンターで勝ち越され「ロストフの悲劇」を味わったものの、大きく飛躍した大会となった。中でも、乾は2ゴールと大活躍。出場が危ぶまれた選手とは思えない堂々としたプレーを見せた。あるいはその危機があったからこそ集中できたのかもしれない。

ジャパンのメディカルは進化を見せ、2大会ぶりベスト16という果実を手に入れた。ここには、「リスクを冒さなければ良い結果は生まれない」「限界に、限界はない」というオシムによる教えが活かされたと言える。

メディカル関係者向けのセミナーや講演で、池田は「チームドクターとして心がけてい

第 4 章

探究

「限界に、限界はない。限界を超えれば、次の限界が現れる」

——池田浩

たこと」を2つ伝える。

①レギュラー、サブに関わらず選手は平等であること。

②「この人（ドクター）に言われるのならしょうがない」と思われるような信頼関係を築くこと。

どちらも、オシムの影響が大いにある。

「（メディカルの）後輩たちにもチャレンジする勇気の大切さを伝えたい。自分が代表のチームドクターになるなんて思ってもみなかったので」と池田。まるでオシムの言葉に導かれるかのように日の丸を背負ってピッチの外で戦った。池田たちが始めた代表の血液検査はずっと継続されている。

池田は現在、日本サッカー協会医学委員会委員長。日本サッカーのメディカル界のトップである。今後の「限界への挑戦」は、ひとつはスポーツドクターの育成環境の整備だ。そのために、医学委員会で提供している「サッカードクターセミナー」をさらに充実させるべく計画している。

日本にはスポーツドクターを養成する専門機関がない。よって、このサッカードクターセミナーを4年間継続して受講すると、日本代表チームの帯同ドクターとして最低限のスキルと知識が会得できるシステムを構築するのだという。その内容は、心肺停止時の蘇生、脳振盪の対応、ドーピング、ケガの対応など多岐にわたる。

加えて、トレーナー養成にも力を尽くすつもりだ。

「僕ら整形外科医は手術することができても、手術は選手にとって復帰までの道のりの50%でしかない。あとの50%はリハビリです。このリハビリの質をいかに上げられるか、優秀なトレーナーを育成することが重要なのです」

したがって、これまでドクターと歯科医師しか受講できなかった「サッカードクターセミナー」にトレーナーも参加できるよう、この秋から門戸を開く。

2010年に解説の仕事でオシムが来日した際、池田は再会した。千葉県浦安市にあるオシムが愛した中華料理店「泰興」で、ジェフ関係者とともに食

第4章

探究

「限界に、限界はない。限界を超えれば、次の限界が現れる」

——池田浩

事をした。オシムがホテルに戻る車に、都内に自宅のある池田も乗り込んだ。

「オシムさん、ジェフでまた監督はできませんか?」

池田が尋ねると、オシムは上機嫌で答えた。

「あの当時のスタッフと同じ環境で仕事ができるのなら、それはひとつの選択肢かもしれない」

池田は嬉しくなり、酒も入った勢いで「オシムさんが人生の中で一番失敗したことって何ですか?」と質問した。

「おまえに会ったことだ。おまえが大丈夫だって言ったから、こんな体になったたろう」

そう言ってニタリと笑った。

池田がオシムの診察をしていたわけではないが、いわゆる「オシム節」というやつだ。

車中の人たちを爆笑させた。

それが、オシムとの最後の時間になった。

池田浩（いけだ・ひろし）
順天堂大学大学院保健医療学研究科／医学部整形外科
1989年より日本リーグ・古河電工サッカー部チームドクター、そして1993年よりジェフのチームドクターを務め、2003年からの3年半は、オシム監督の下でチームの医学管理に携わった。2010年からはサッカー日本代表チームドクターとして、2014年FIFAワールドカップ・ブラジル大会、2018年ロシア大会に帯同した。2014年からJFA医学委員会委員長を務めている。

第4章 探究

「限界に、限界はない。限界を超えれば、次の限界が現れる」

――池田浩

IVICA OSIM'S LEGACY

第5章 約束

「汗をかく選手を大切に扱う。それが我々のチームだ」

―― 祖母井秀隆

オシムからの卒業

あの年の5月1日、夜9時ごろだったかと思う。

「オシムさんが亡くなったらしいんだけど。誰か確認できる人っているかな?」

そう尋ねた夫は当時、日刊スポーツ新聞社の記者だった。私がこの前の年から、オシムさんの本を企画し取材を始めていたことを知っていた。よって、彼と親しい関係者に確認したいというのだ。日刊のジェフ番だった記者はすでに退社していたし、オシムが日本にいた十数年前とはサッカー担当やデスクも様変わりしている。

すぐさま祖母井秀隆に電話をかけた。その前年から本にかかわる取材を始めた私は、すでに何度か会っていた。ジェフGM時代、「世界で最も交渉が難しい監督」を日本に連れてきた男が、知らないわけがない。

トゥルルル、トゥルルル。呼び出し音が鳴ったことで、私は一瞬ホッとした。オシムが亡くなったのであれば、すでに追悼のコメントを求める記者たちから無数の連絡があるはずだ。

「もしもし」

コール三つで出た祖母井に尋ねた。

「祖母井さん、遅くにすみません。オシムさんが亡くなったという情報がネットに出ているようで……。確認したいのですが、ご存知ありませんか？」

祖母井はすまなそうに答えた。

「いや、僕は知らない。何かそんな情報があるみたいだけど、僕は知らないんだ。ごめんなさい」

そんなはずはない――その言葉をすぐに飲み込んだ。

オシムの指導者としてのラストキャリアとなった日本で、架け橋となった祖母井は常に行動をともにした。欧州を中心に世界のサッカーをリアルタイムで観るオシムに合わせ、深夜に自宅で同じゲームを観た。何かあれば駆け付けられるよう常に待機していた。オシムの24時間を祖母井も生きたのだ。

代表監督時代、道半ばにして脳梗塞で倒れたとき、彼の命を救ったのも祖母井だった。混乱するオシムの家族から国際電話をもらい、間接的に日本の救急車を手配した。

知らなかったらこんなに落ち着いていられるだろうか。私に謝るだろうか。コロナ禍で会うことはできないけれど、夫人のアシマさんと繋がっている。そのうえ、オシムとも時々メールをし「だいぶ痩せられたみたいなんだよね……」と言い、その日が来る覚悟はしていたように見えた。

第５章

約束

――祖母井秀隆

「汗をかく選手を大事に扱う。それが我々のチームだ」

その直後、オシムと家族ぐるみの付き合いをしていた男性から「ボスニアの仲間から連絡がありました。残念です」と震える声で電話が入った。

祖母井のもとには新聞社、テレビ局から無数の取材オファーが届いた。だが、一切受けずに沈黙を貫いた。しばらくして祖母井を訪ねると、こう言った。

「あの人に関して、僕の言葉が独り歩きするのが怖いんだよ。それにね、僕はもう『オシムを日本に連れてきた男』という肩書を外したい。卒業したいんだ」

それから半年後、オシムの追悼試合が計画された。その死を遠ざけているかのように見えた祖母井だったが、「勇人が（開催に向け）一所懸命やっているって聞いたから」と参加した。試合ではジェフチームの「ヘッドコーチ」として名を連ねた。監督はもちろん「イビチャ・オシム」である。

祖母井は試合前のロッカールームで全員を集めた。

「今日はオシムさんの追悼試合だけど、オシムさんだけでなく、ベングロシュさんが亡くなられた。ニコラエ（ザムフィール）さん、岡健太郎社長、三木（博計）専務も。皆さん、ジェフのためにすごく貢献してくれた人たちばかり。オシムさんはインパクトあったけれど。皆さんすごく頑張ってくれた」

黙とうを30秒間やってもらった。

「皆さんどう感じられるかわからないけど、それはすごく大事なことだったと僕は思う。そういう時間を持たなくちゃいけないと思うし、持って欲しいと話した。僕の仕事はそれで終わりました」

試合後のセレモニーの最後に、オシムが勇人とリモートで対談した映像が流れた。記者席から小さく見える祖母井は顔を上げオーロラビジョンに目をやったものの、最後まで見ずに頭を落とし下を向いた。

「あの姿は見たくなかった。元気だったオシムさんのイメージをずっと持ちたかった」

少しこけた頬、かすれがちな声。日本にいたころ堂々とピッチに立つ姿とは明らかに違う印象を受けた。亡くなる1年以上前から体調が悪いと聞いていた。オシムにゆかりのジャーナリストや弁護士らから「ウバさんからも何とか言ってください」「もっと健康に気をつけるように言ってもらえませんか」と頼まれてもいた。だが、最後までそういった声をかけることはしなかった。

「あの人は日本にいたころから順天堂大のドクターから言われていました。でも、それができるような人じゃない。日本を含めて世界のサッカーを夜中まで観ることをやめなかった。常に知っておきたいというか、とにかく好きなんですよ。サッカーが」

Bye now（じゃあ、またね）

第5章

約束

「汗をかく選手を大事に扱う。それが我々のチームだ」

——祖母井秀隆

そう言って、オシムは映像の最後に手を振った。

その無邪気な幼子のような笑顔を、集まった1万人近い人たちが冷たい秋雨に打たれながら見届けた。雨音に混じって、すすり泣く声が灰色の空に響き渡った。

オシム獲得に結び付いた闘牛ダンス

祖母井は、大阪体育大学（以下、大体大）卒業後に9年間ドイツへ留学。コーチ修行に励んだ。１９８４年に帰国し母校の大体大の教員になり、大学サッカー部や社会人チームの指導にあたった。

また、毎年のようにゼミ生を連れて欧州へ。90年には旧ユーゴスラビア代表がW杯イタリア大会の準備合宿を行っていると聞き、クロアチアのキャンプ地を訪ねた。１９９０年1月17日。これがオシムとの邂逅だった。

W杯に出る国の代表監督が、W杯に一度も出たことのない日本からやってきた学生たちを前に講義をしてくれた。祖母井は「しかも2時間くらい話してくれた。学生の力になると思うと嬉しかったです」と懐かしそうに目を細める。練習を見るだけでなく、大体大の学生たちはドラガン・ストイコビッチをはじめ後のスター選手とルーレット遊びまでしたという。

祖母井にオシムを紹介してくれたのはズデンコ・ベルデニック。オシムと縁が深かった。スロベニア出身のブランコ・エルスノーの下で、アシスタントコーチを務めたことがあった。オシムがユーゴスラビアの指導者資格を取得する際エルスナーに教えを受けていたので、ベルデニックはオシムと同じ師を持つ仲。スロベニア代表監督などを経てジェフでも指揮を執ることになるのだ。

94年のW杯アメリカ大会が終わった後、世界コーチ会議がトルコのイズミールで開催され、祖母井も参加した。会議はW杯の後に実施される。試合分析の発表が行われ、世界のサッカーの潮流が示された。

W杯出場国のサッカー人たちが招待されるため、米国大会に出場していない日本サッカー協会にインビテーションカードは届かない。それなのに祖母井はその顔の広さと、欧州プロコーチ連盟に登録されていたこともあってか、日本人でただひとり何度か招かれていた。欧州選手権後の会議も同様であったことから、世界に最初に認められた日本人と言えるだろう。

世界中からイズミールに500人余りが集結。その中に、祖母井と小倉もいた。この二人が誘導されたテーブルが偶然にも旧ユーゴスラビアの指導者ばかりの席だった。ベルデ

第5章

約束

「汗をかく選手を大事に扱う。それが我々のチームだ」

——祖母井秀隆

ニックもそこにいた。

「3泊4日で一緒に寝泊まりして、お酒を飲みながら世界から集まった人たちとサッカー談義をする。そういう繋がりは、僕にとってもすごく大事な場だった」と祖母井は振り返る。そこで、二人は爪痕を残した。

最終日の夜に開かれたグッバイパーティーは盛況だった。トルコの民族舞踊が披露され、人々は音楽に合わせ体を揺すって楽しんでいた。

祖母井は、ドーハの悲劇によってW杯を逃した日本を思った。次のフランス大会は必ずやあの大舞台に立つのだ。しかし、その前に日本を印象付けたい。

「小倉、今の日本には何もアピールするもんがない。日本人として何も無いのは寂しいよな。何かやろうよ」小倉は「えっ?何やるんですか?」と一瞬怯んだが、こんな世界会議に自分を連れてきてくれた祖母井からの提案を無下にはできない。考え込んでいたら、祖母井が「闘牛ダンスやろう」と言い出した。次の欧州での会議はポルトガルでスペインの隣だから闘牛がいいという。

生真面目な小倉は「なんで闘牛?」と思ったものの、祖母井に言われるがまま闘牛士になって赤い布を両手でつまんだ。祖母井は両手の人差し指を左右のこめかみに当て角をつくる。2人は舞台のそでまで来たものの、飛び出せずもじもじしていたら誰かに背中をドンと突かれて舞台へなだれ込んだ。もうやるしかない。テーブルの周りを駆け出すと、すぐに手拍子と指笛が鳴り始めた。

余興はウケた。そこから祖母井は「ミスター・ウバガイ」ではなく「ダンサー・ウバガイ」と呼ばれた。

特に、ベルデニックを始めとする旧ユーゴスラビアの指導者たちに、強い印象を残した。旧ユーゴスラビアを構成していた6つの共和国はその後、それぞれ独立しスロベニア、クロアチア、ボスニア・ヘルツェゴビナ、セルビア、モンテネグロ、北マケドニアに分かれた。オシムはボスニア・ヘルツェゴビナのサラエボ生まれで、彼らは皆紛争で国が引き裂かれる過酷な時代を生き抜いた同志でもある。80年近く戦争と無縁な島国で生きてきた日本人にはうかがい知れない絆があったに違いない。

「あの闘牛ダンスは、結果的に（オシムと）一緒に仕事をすることに繫がっていったんじゃないかと思います」

祖母井がそう話すように、欧州の名だたる監督たちがまるで駅伝のタスキを繫ぐようにジェフを率いた。まずは、オランダからヤン・フェルシュライエン。次に、ルーマニアからザムフィール。その後にベルデニック。2002年のシーズンは、当時の欧州プロコーチ連盟会長で日韓W杯では技術委員長を務めたベングロシュが就任した。90年W杯イタリア大会で、当時のチェコスロバキアを8強入りさせた智将である。その次がオシム。同じイタリア大会で旧ユーゴスラビア代表を同じくベスト8に導き、準々決勝ではディエゴ・マラドーナを擁するアルゼンチンを延長PK戦まで追い詰めている。

祖母井は、奇しくもW杯ベスト8監督を2人続けてジェフに引き入れたことになる。ここまで実績のある個性豊かな指揮官を次々招へいできる日本人は、ほかに見当たらなかった。

さまざまな名監督との出会いで、特筆すべきはオシムの師匠でもあるエルスナーとの交わりだ。90年代前半。オーストリアが若い有望な選手を続々輩出していることに気づいた祖母井はエルスナーに会いに行った。

80年代にオーストリア代表監督などを歴任。FKアウストリア・ウィーンで育成部長を務め、同国の育成プログラムの礎を作った人でもある。オーストリアのグラーツで監督を始めたときのことを語ってくれた。

「クラブは練習場だけで何もない状態だったよ。選手も自分で探してね。上のリーグにいる選手は来てくれないので、4部とか5部リーグにいた選手に頼んで入ってもらったんだ」

そんな下部リーグでくすぶっていた選手たちをエルスナーは鍛えに鍛え、多くの選手をオーストリア代表に送り込んだという。まるで後にオシムがジェフでやってのける仕事と同じではないか。

エルスナー自身、恐らく想像だにしなかっただろう。当時すでに欧州でその名を轟かしていた愛弟子が、自分に会いに来たこの小柄な日本人に導かれ彼の地に足を踏み入れることになるとは。そこで選手を鍛えに鍛え、日の丸をつけさせることも。

その一方で、この偉大な師弟に深くかかわることになるなど、夢にも思わないのは祖母井も同じだった。

「そこでね、エルスナーさんにこれぐらいの膨大な資料をいただいたんです」と両手を上下に広げ、うず高いコーチングテキストやデータを譲り受けたと話してくれた。

実は、闘牛ダンスで祖母井の背中をドンと押したのはエルスナーだった。それが縁で97年、エルスナーをブランメル仙台（現ベガルタ仙台）に監督として紹介した。つまり祖母井は、オシム本人より先に、その恩師を日本サッカーに招き入れていたのだ。

「オシムさんに来てもらえたのは、今にして思えばエルスナーさんが鍵だった。やはりトルコで皆さんと関係性を作ったことが大きいです」

オシムを監督候補にする以前のことだ。祖母井はベルデニックが監督を務めるオーストリアのウィーンが変化していることに気づいた。

「髪型が変わっていて、選手が自由な雰囲気を醸し出していました。ズデンコさんの指導を見ると、元は自分の考えを選手に理解してもらう監督主体型の指導だったのに、選手主体に変わっていたのです」

ベルデニックに理由を尋ねると「オシムさんと出会って考えが変わった」と説明された。そこから積極的にオシムの情報を集めるようになった。

オシムと交渉を始めた際、ベルデニックは祖母井に「彼は金では動かない。代理人を使わないから直接交渉するしかない。難しいだろうけど……」と言ってオシムの電話番号を教えた。オシムのもとにはすでにマンチェスターユナイテッドやレアルマドリードといったビッグクラブからのオファーが絶えなかった。

ベルデニックから難しいと言われたものの、ある意味オシムの獲得条件はジェフに適していた。逆に、金で動く人で代理人へのマージンまで発生するなら、資金力のないジェフに希望はなかったのだから。

その後、正式にオファーを出し、毎日のように電話した。オシムは雑談には応じるものの、契約の話になると話題をそらされた。電話では埒が明かない。

「もう明日、僕は行きます。会いに行きますから！」

会いに行くと「いろいろオファーはあったが、会いに来たのはおまえだけだ」とOKをもらった。拍子抜けした。その際、オシムにこんな話をした。

「あなたは必ず結果を出すでしょう。その結果を受けて、もうひとつ先のことが必ず起こる。それはオシムさんが日本代表監督になるということです。そうなったら、どうなさいますか?」

オシムはおどけるように笑うだけだったと言う。

これは日韓W杯イヤーの出来事である。次のドイツ大会に挑むジーコジャパンはすでに船出していたが、世の中もサッカーも何が起こるかわからない。祖母井は遅くとも8年後のW杯の舞台にオシムが立つ姿まで描いていたのだ。

会って契約快諾を取り付けたのは1月16日だったが、祖母井がオシムに見せた90年の旧ユーゴ代表合宿での写真の日付が「1・17」であることに誰かが気づき、サインは日付が変わるまで待とうということになった。深夜0時を迎え、好物の赤ワインを飲んで上機嫌なオシムは契約書にペンを走らせた。

2002年の1・17は、祖母井にとってさらに特別な日となった。90年はオシムと初めて対面。そして95年同日、阪神淡路大震災が起きた。これを機に、ある意味安定した大学教員の身分を捨てジェフへの入団を決意したのだ。

運命に導かれるかのように、祖母井とオシム、ふたりの時代が幕を開けた。

第5章

約束

「汗をかく選手を大事に扱う。それが我々のチームだ」

——祖母井秀隆

オシムが生むカオス

あのころ、ジェフのスタッフは皆疲れ果てていた。

「外の人は見てて面白いかもしれないけれど、中の私たちはすごく大変なんですよ」

私がジェフのクラブハウスを訪ねたとき、普段はニコニコと温厚なスタッフが顔をゆがめていた。見てて面白いかもというのは、予定をコロコロ変えるオシムの奔放さを指していた。練習場所は変わるし、時間も変わる。何より練習を休まない。チームが動いているのに、スタッフが休むわけにいかない。疲労困憊。言葉もささくれ立つのも無理はなかった。トップチームが行った練習試合は、年間130試合以上にのぼった。

「紅白戦はやらない。チームの選手同士で試合をしてもお互いに特徴をわかっている。仲間内でやっても役立たない」

それがオシムの持論だった。他にも理由があった。

「アウエーのメンタルを育てようとしていました。自分たちが練習しているグラウンドではないところにわざと行く。それは選手だけじゃなくて、トレーナーの人たちに対しても。

いろんな道具を選んで、まとめて、運んで、工夫してやらなくちゃいけない。みんなすごい苦労したと思いますが、成長できたと思します」

オシムが言い出す予定変更に対しスタッフが難色を示すと、眼光鋭く言い渡す。

「そこにトライはあったのか？　トライする前にできませんとか、今までこうだったと言う。それは言い訳にもならない」

実は、オシムはそのような「カオス」とも言える環境をわざと作り出していた。監督就任から3か月ほどは、コーチに何も言わなかった。コーチは何をすればいいかわからなかった。

「まず、感じなさい」

後になって、あのときコーチにそう言いたかったのだと説明を受けた。祖母井は「何かを感じて、自ら考えて動くという要素がわれわれに欠けていることが、気になったのでしょう。それはとても重要で必要なことでした」と回顧する。オシムが感じ取った日本人の弱

第 5 章
約束
「汗をかく選手を大事に扱う。それが我々のチームだ」
——祖母井秀隆

©JEFUNITED

点がサッカー選手としてもウイークポイントになることを、祖母井はチームの誰よりも感じ取っていた。

カオスをわざと作り出す指導者を、私はもうひとり知っている。

2015年ラグビーW杯南アフリカ大会でホスト国で優勝候補だった南アを下し、「世紀の番狂わせ」と世界を驚かせた日本代表を大会前に継続取材した。その際、ヘッドコーチであるエディー・ジョーンズが練習の開始時間を変えたり、メニューを変更する姿を何度も見た。

エディーも選手やスタッフに、わざとカオスをもたらしていた。そこには、自分たちで考えて判断しなさい、それがラグビーにとても重要だという視点があった。そのような自分で考える、気づく、主体的に行動する力が不足していることを理解したうえでのことだ。エディーのもとで「カオスへの順応性」を高めた日本代表は、南ア戦終了間際に得たペナルティーゴールを狙わず、果敢に攻めて逆転トライを決めた。

オシムが面白いのは、市井の人たちにまでカオスをつくりだしたことだ。例えば、飲食店で焼きそばを注文し「そばと、具を、分けて出してくれ」と頼んだ。味の素スタジアムで試合をした日に近くのレストランで「このカレーについてるパンだけ注文したい」と希望する。店員人が「それはカレーと一緒に出すものなので単品では提供できません」と説明すると「では、これはいくらで買えるのか?」と質問する。注文だけで30分を超えることもあった。

「好奇心旺盛な方なので、これはどうなるのかな? って思う。もちろん悪気もない。ただ、お店の人も試していたんでしょうね。日本人はどういうふうな柔軟性があるかな? と。そうやって日本という国や社会を見ていました。僕なんか、常に試されてましたね」

Jリーグでは勝利したチームの選手ひとりに「マン・オブ・ザ・マッチ」が贈られる。オシムが「おまえは誰がいいのか?」と聞いてきたので祖母井がゴールを挙げた選手の名前を挙げると、眉間にしわを寄せ違う選手の名を口にした。地味ながら相手の攻撃の芽を摘み、セカンドボールを拾い、チームのために献身的に走り切ったプレーヤー。つまり「水を運ぶ人」である。

「汗をかく選手を大事に扱う。それが我々のチームだ」

祖母井は「おまえは選手のどこを見ているのだ？　と叱られました。僕らと視点が違う。勉強になりました」と振り返る。先発メンバーの表を見せて「次の試合は、これでいこうと思っている。どうだ？」と尋ねられるのもしょっちゅうだった。その都度自分の率直な意見を返した。

「僕の反応を見ていたと思います。ああ、こいつはこういうふうに考えるんだなと。時には自分が思ってもいないことを僕にぶつけるんですね。例えば、あの選手はダメだ、とか。人を試すというか、駆け引きの人でした」

とはいえ、祖母井はそれら「オシムの質問」に関してストレスとは感じてはいなかった。当時を思い出しながら「うん、なんかね、面白かったですよ。ハハハハ」と痛快そうに笑った。

我慢を強いられもした。

合宿中、オシムがホテルの部屋から出てこないことがあった。練習に出てこない。食事も摂らない。ひとりでずっと部屋にこもってしまうのだ。概ね、選手に自分の意図が伝わらず、練習が思い通りに運ばないときにそうなる。要するに「オシムのエスケープ」である。選手やコーチらは「ヤバい。監督が出てこない」と大いに慌てた。何が足らないのか。選手同士のコミュニケーションなのか。何を工夫すればいいのか。全員、脳内がてんてこ舞い、という状況になる。

エスケープ時、オシムに会えるのは祖母井だけだった。ノックをするとドアが細く開き

「干しイチジクと杏《あんず》を持ってこい」と一言だけ。部屋には好物の赤ワインがあるので、夜

はそれをつまみにしたようだ。トルコ合宿で古巣のグラーツにジェフが大差で敗れたときは3日間一度も部屋から出て来ず、「俺は日本には帰らないぞ」とへそを曲げた。

「いつも怒られてばかりいた」と笑う祖母井だが、オシムに意見したこともある。試合中シュートミスした選手をベンチから怒るため、ミスした選手がベンチを見るようになったのに気づいた。現場のことや指導に口を出さないようにしていたが、このときはオシムに「欧州の選手と日本の選手は育ち方が違う。怒られると頭の中が真っ白になってしまう。タフになるまで育てなくてはいけない」と説明した。

外国人選手はたとえベンチから怒鳴り声が聞こえても、「判断するのは俺だ」とばかりに自分の胸に親指を当ててアピールした。対する日本人選手は、指導者に対し自分の考えをぶつけた経験がなく、そういったことに慣れていないから委縮する。このことを理解し

第5章
約束
「汗をかく選手を大事に扱う。それが我々のチームだ」
——祖母井秀隆

ている祖母井は、選手たちに「ピッチで判断するのは君たちだ。自分のプレーは自分で責任をとるんだ」と言い聞かせた。

選手らはそのうち怒られても平然とした態度をとるようになった。選手と指揮官、互いの距離が近づき始めると、チームは少しずつ落ち着いた雰囲気になってきた。

またある日のこと。気心の知れた外国人コーチをトップチームのスタッフに入れてはどうかとオシムから打診された。そこで「育成カテゴリーであればいいと思うけど、トップのコーチでとなると僕はちょっとわかりませんね」とやんわり断った。すると、こう言われた。

「おまえは、やはり日本人ではない。ドイツ人だ」

祖母井は「あれは誉め言葉だったのかなと思う。ほかには一度も褒められたことはないからね」と言った。オシムの愛称は「シュワーボ」。ボスニア語で「ドイツ野郎」の意味を持つ。父方がドイツ人の血を引くなどしドイツ語が堪能だったことからそう呼ばれた。よって「ドイツ人」も「おまえは日本人じゃない」も誉め言葉に違いない。祖母井の主体性、豊富なアイディア、高い人権意識、そして誰に対しても愛情をもって接する人間性。

オシムは、カオスと駆け引きのなかで盟友を見極めていたのだ。

「おまえは子どものことをやれ」

監督就任1年目。新加入選手会見後の懇親会で、オシムは巻誠一郎の父親にこう尋ねた。

「あなたは、息子を最後まであきらめずに走る子どもに育てましたか?」

巻の父は「うちの子は(サッカーが)下手くそですが、親として監督がいまおっしゃったことだけは自信があります」と父親が答えると、オシムは笑顔を浮かべて言った。

「であれば、私が責任をもって育てます」

この会話を懇親会で通訳した祖母井は後になって「おまえ、よく巻を連れてきたな」とよく言われた。それは技術がおぼつかないという意味もあったが、あきらめずに走ることを認めてもいた。巻はジェフの主力になり、日本代表まで上り詰めたのだから。

第5章
約束
「汗をかく選手を大事に扱う。それが我々のチームだ」
——祖母井秀隆

「羽生、勇人、工藤浩平。祖母井はなぜ小さい選手ばかりとるんだ？　おまえの身長の基準でとってくるんじゃないぞ」

オシムはそう言っていたずらっぽく笑った。どの選手も平等に見た。だからこそ最初の年は登録選手32人中31人を公式戦で起用したのだ。選手をコマとして見るようなことは決してしない。リスペクトし大切に扱った。常に一人ひとりをどうすれば成長させられるのかを考える監督だった。

だからこそ、ベテラン中西永輔の放出を祖母井が提案したときも反対しなかった。

「彼は日本代表としてW杯にも出場している実力のある選手でした。頭ひとつ抜きん出ていました。ジェフにとって彼は必要だけど、彼にとってジェフは良くない。なぜなら彼はもう何もしなくても試合に出られるから。そんな話をオシムさんとしました」

ところが周囲も、中西本人も、納得しなかった。そんななか、横浜マリノスが移籍を了承してくれた。監督は岡田武史。中西はマリノスでレギュラーに定着し活躍した。

1年後、オシムは何かのパーティーで中西と遭遇したと言って上機嫌でクラブハウスに入ってきた。そして「来季はまたジェフに戻ってきたいそうだ。彼を戻せ」と言う。どういうことだと聞くと「もう去年の永輔とは違うぞ」と白い歯を見せた。教え子が伸びたことをこころから喜んでいた。

「そういう人なんです。別に自分の手元にいなくても、選手が成長することが嬉しくてたまらない。それだから、かかわった選手がみんな伸びたのだと思う」（祖母井）。

選手への愛情があふれていた。例えば対戦相手の選手が試合中にケガをすると「どうなったのだ？　大丈夫か？」と翌日まで心配していた。

祖母井が07年からGMを務めたフランス・グルノーブルには、22年W杯カタール大会で準優勝した同国代表のジルーが在籍していた。チームが45年ぶりに1部昇格を決めたこの年、ユースからトップに上がったばかり。

「まだ二十歳前で若くて出番が少なかった。でも得点力があって面白い。人間的にも素晴らしかったけど、やっぱり一度出したはうが伸びると考えた。本人は自分が育ったグルノーブルにいたかったと思うが、彼が成長するためにはもっと試合に出られるクラブに移籍したほうがいいと勧めました」

3部リーグのクラブで活躍したジルーは、10年に移籍した1部のモンペリエで得点王に。一気にトッププレーヤーへと駆け上がった。

先の中西と、このジルー。祖母井が彼らを移籍させた理由は通底している。二人とも「成長させるため」だった。

第5章
約束
「汗をかく選手を大事に扱う。それが我々のチームだ」
――祖母井秀隆

育成の本質を知る祖母井は95年にジェフに入る際、異例の10年契約を結んでいる。なぜなら、選手育成にじっくり取り組みたかったからだ。その決意の通り、育成部長としてさまざまな取り組みをした。練習後に子どもたちが集まってしゃべったり、ボードゲームができるようなたまり場まで作った。阿部や山岸が中学、高校生だったころである。

さらに夏休みを約1週間とらせた。試合前日の練習は休み。試合のない土日も休ませた。自分の力でタイム管理できるトライをさせた。自立させ、主体性を磨いてじっくり育てた。そんな環境から、阿部、佐藤勇人、寿人兄弟や山岸、村井慎二らが輩出した。育成環境が確立され「育成のジェフ」の名を欲しいままにした。Jリーグが発足して10年。自前で選手を育てられるクラブはジェフとサンフレッチェ広島など限られていた。

そのおかげか、阿部や佐藤兄弟など当時育成カテゴリーに在籍した選手たちはおしなべて選手寿命が長い。当時からあった祖母井の「プロリーグで10年以上プレーする選手をつくる」という目的は達せられたといえる。97年に社長になった岡から「チームを立て直してくれ」とGM就任を命じられ、仕方なく育成畑を後にした経緯があった。

そんな歩みをオシムは知っていた。祖母井と育成に対する考え方がよく似ていた。それが話題に出るたびに、祖母井に言った。

「おまえは早く子どものことをやれ」

祖母井はGMの仕事を終えた後、育成に時間を費やすようになった。2017年から淑徳大学サッカー部のアドバイザーに。驚くことに、大学の練習場にはゴールがなかった。ミニゴールをくっつけてゴール代わりにした。だが、その環境に慣れている学生たちは特に困った様子ではなかった。20年に監督に就任。その後ようやく正規サイズのゴールがやって来た。

「学生たちがゴールのない、環境が整ってないところでいかに工夫するか。そこがすごく大事だったと思います」

そう話す祖母井は、ユーゴスラビア代表だったプロシネチキ、ユーゴビッチらが育ったと言われるサッカーグラウンドを訪れたことがある。クロアチア・スプリットにある30メートル×25メートルの人工芝。正規サイズの3分の1ほどしかない。しかも、真ん中に木があった。自然保護の観点からなのか切られずにおかれている。

その木を巧みに避けながら、子どもは走り、ドリブルしてパスを回す。だからなのか、そのグラウンドから世界的な選手が何人も生まれたという。

ここ数年は、大学を始め、高校、中学、小学生と全カテゴリーに精通。指導したり、アドバイザーを務めるなどしている。およそ四半世紀ぶりに指導者に戻ったとあって、オシムが高校の指導者の前で話した言葉を意識するそうだ。

「日本のサッカーは、あなたがたが変えなくちゃいけない。学校の先生が変えなくちゃいけない」

指示して、教え込んで、勝つことを何より優先する。そんな指導現場の課題を「オシムさんはよく理解しておられました」と祖母井は回想する。育成の現場を少しでも変えられたらと、高校や大学の著名な指導者に声をかけては練習を見てもらったものだ。

「これからもスポーツの現場を変えることに力を注ぎたい。後になって、そういえば変わり者のおっちゃんがいたなあと思い出してくれれば、それでいい」

指示せず、教え込まず、勝つことを優先しない。指導スタイルの転換を広げようと「おっちゃん」は奮闘中だ。

オシムが代表監督に就任する際、祖母井はグルノーブル行きを決めていた。

「オシムさんは太陽で、僕は月だ。オシムさんからたくさん光をもらったから、次は自分で光りたい。だからフランスに行きます」

本人は笑うだけで何も言わなかった。夫人のアシマは「ヒデ、どういうことなの？ 何を言ってるのか、さっぱりわからない」と呆れていた。

そんな経緯もあって「オシムを連れてきた男」という肩書を捨てたかったのだ。肩書を欲し、勲章を増やしたい人もいる一方で、その態度は潔く映る。地位に安住せず、指導現場で汗をかくことを選んだ。だからこそ、彼のもとには損得勘定では動かない信念の人たちが集まる。その姿はオシムの生き方とぴったり重なる。

そう考えると、オシムにとっての祖母井は太陽ではなかったか。

紛争に巻き込まれ、身を割かれるような葛藤を抱え指揮を執った90年W杯。それから20年の年月を経て、二度目のW杯で手腕を試すチャンスを得た。無念にも病に倒れ叶わなかったものの、日本で輝きを放った。

そのオシムに光をあてたのは、紛れもなく彼だろう。

そして彼はオシムを卒業した。米国では卒業式を「コメンスメント（Commencement）」と呼ぶ。コメンスメントの本来の意味は「始まり」である。

祖母井は今日もどこかで、始まりの種を蒔く。

第5章

約束

「汗をかく選手を大事に扱う。それが我々のチームだ」

——祖母井秀隆

祖母井秀隆（うばがい・ひでたか）

1951年、兵庫県生まれ。大学卒業後の75年に読売サッカークラブ（現・ヴェルディ東京）でプレーしたものの、日本社会やスポーツのあり方に違和感を抱き西ドイツ（当時）へ渡る。78年ケルンスポーツ大学へ入学し85年に卒業。スポーツ教師資格を取得。同時にドイツサッカー協会A級指導者ライセンスも取得。現地で青少年の指導にあたる。ケルンスポーツ大学を85年に卒業した後、母校である大阪体育大学で教鞭をとる。同時に大学サッカー部の指導に携わる。12年間の教員生活にピリオドを打ち、95年にジェフの育成部長に就任。その後GMとしてイビチャ・オシムを招へいし、Jリーグ屈指の強豪クラブに育て上げた。2007年よりフランスでグルノーブル・フット38、京都サンガF.C.やVONDS市原でもGMとしてクラブの強化育成に尽力した。

IVICA OSIM'S LEGACY

第6章

改革

「サッカーのやり方ではなく〝サッカーすること〟を教えなさい」

——池上正

サッカーのやり方を教えるな

トップのトレーニングもない日なのにオシムがふらりとグラウンドに現れた。

「真剣な顔をして、いったい何を話し合ってるんだ？」

珍しくオシムのほうから尋ねてきた。

「子どもたちのために、どんな練習がいいかを考えています。あ、そうだ、オシムさん、どんなことを教えたらいいですかね？」

尋ねたのは、当時育成コーチだった池上正。祖母井の大学の後輩。ジュニアユースを1年間見た後、オシムが監督に就任した年に「サッカーおとどけ隊」の活動を始めた。ホームタウンなど千葉県下の幼稚園や保育園、小学校を巡回し子どもたちにサッカーを体験してもらう普及活動だ。当時このような取り組みをするJクラブは他になく画期的だった。この活動の内容について、隊長を任命された池上はスタッフ数名とグラウンドで話し合っていた。

オシムは、いつものように少し難しい顔をして考えた後に答えた。

「サッカーのやり方を教えるんじゃない。サッカーすることを教えなさい」

「子どもはできるだけ早いうちからゲームをたくさんしたほうがいい。試合をすれば、そのなかで子どもたちが自分たちで学んでいく」

日本サッカー協会が「M－T－M（マッチ・トレーニング・マッチ）」をうたい始めるころ。池上は、ミニゲームを実施してから、課題を洗い出してそこに則した練習を入れて、それを意識して再度ミニゲームを行う手法に着眼していた。

それに加えて、ジェフのスクール責任者としてこう提案した。

「育成のあり方を変えなくてはいけない。違うことをやろう。どう変えるか、みんなで考えよう」

ホワイトボードを背に黒マジックを手にした池上は、育成スタッフに投げかけた。

「日本の少年サッカーのダメなところを挙げてください」

「すぐに蹴ってしまう」「取られそうになるとすぐに外に出してしまう」

「コーチの言われた通りのプレーしかしない」「クリエーティビティ（創造性）がない」

「ドリブルしかしない」「パスを繋ぐ意識がない」

「プレー中に顔が上がらない」

第6章

改革

「サッカーのやり方を教えるんじゃない。
サッカーすることを教えなさい」

――池上正

「ディフェンダーは大きく蹴るだけでフィードできない」

真っ白なボードは、みるみるうちに文字で埋め尽くされた。マジックを置いた池上はスタッフに言った。

「これは、今までやってきた育成方法ではダメだということですね。だったら、変えていこうよ」

当時、日本の少年サッカーの練習は、対面パスやコーンドリブルといったひとりで行うクローズドスキルが中心だった。対人型のオープンスキルは少なかった。実はこれらが原因でサッカーの認知能力が養われないばかりか、楽しさも実感させられていないことを育成のコーチ陣は共有した。そして、1対1ではなく少人数の対人で数的優位が生まれる練習を主軸にした。2対1、3対2、4対3などだ。

オシムはこうも言った。

「実戦的なメニューが少な過ぎる。どうして日本人は数的優位のある練習をしないのか」

池上たちが育成についてオシムからさまざまなヒントをもらったころ、国をあげて未来に繋がる育成に向かって改革を進めていたのがドイツだ。1990年W杯イタリア大会は3大会連続で決勝に進み優勝。世界トップに君臨し続けたものの、欧州選手権は2000年からの2大会はともに未勝利でグループリーグ敗退するなど低迷した。

池上によると、そこでドイツサッカー協会は低迷した理由を分析。その結果、「洗い直すべきは育成であり、ジュニアの育て方である」という結論に達したという。さまざまな研究やデータ分析の結果をもって「ミニゲームを中心に」「常に全員で」「もしくはグループで行うメニュー」に切り替えた。

それからおよそ10年後の2014年W杯ブラジル大会で優勝し、王者復活を見せつけてくれた。

「1対1やフィジカルの強さ、そしてゲルマン魂を強調してきたあのドイツが、ジュニア世代からサッカーの認知能力を育てることを始めたのです。つまり、世界のサッカーの潮流を分析した結果を受け止めた。過去の強みに固執せずに、自分たちのそれまでのやり方をも否定したわけです。すごい勇気だと思います」(池上)。

ブラジル大会翌年の15年、池上が視察に訪れたレバークーゼンのコーチは、確信に満ちたまなざしで教えてくれた。

「子どもに必要なのは試合だ。たくさん実戦経験を積ませたほうがいい」

11年前に聞いたオシムのアドバイスと同じだった。

そのころオシムは選手の運動量についても言及している。


「サッカーだけでなくすべてのスポーツが、ゲームをやらないと試合に使う体力はつかない。単にランニングをして走り込むだけでは運動量は増えない」


オシムの矜持を継ぐように、走るサッカーを育成カテゴリーで具現化したのが岸本浩右だ。ジェフでゴールキーパーコーチだった岸本は京都サンガでジュニアユースの監督になり、15年のJユース杯でガンバ大阪を下して優勝に導いた。

試合終了後、テレビ放映の解説者は「サンガは全員がスーパーハードワークをしました。前半からすごい運動量だったので、後半が（バテないか）心配だったがやり切りましたね」とコメントした。

それを聞いた池上は「京都の選手がやったことは、すでに世界の基準なんですけどね」と首をひねった。

「あのくらい走るのは当然のこと。それなのに周囲がスーパーハードなどと言ってしまうと、あれは特別なこと、他のチームにはできないことだととらえられるのではないか」と育成の進化が阻害されることを心配していた。

加えてテレビ放送時は、ベンチにいる岸本のふるまいも特別視された。ベンチ前で声を張り上げる監督が多いなか、試合中ずっと座ったまま戦況を見守ったからだ。このことを決勝後に尋ねられた岸本は、その理由を淡々と話した。

「オシムさんから『監督の仕事は試合前に終わっている』と言われた。僕が立って、わめいて、指示を送ったりするというのは、この1週間準備をしてこなかったということになる。試合に出てくる彼らのミスは、実は僕のミスですから」

ミスをしたジェフの選手にオシムは「走れ」と命じたが、池上は「それは罰ではなかった」と回想する。

命じられた選手は、走っているか歩いているかわからないくらいダラダラ行く。走り始めは全員、嫌な顔をしている。ところが、グラウンド1周の半分ぐらいを過ぎてくると、うつむき加減だった顔が上がってくる。辛そうにゆがんでいた顔が引き締まる。目をかっと開き「次はどうしたらいいか」を考えている顔つきに変わった。

「(ミスして混乱した)頭を冷やす時間を、オシムさんは選手たちに与えていた。ミスすると走らされるという恐怖を与えるのとは違うのです」と池上。罰ではなく、考えさせる

第6章

改革

「サッカーのやり方を教えるんじゃない。
サッカーすることを教えなさい」

——池上正

時間。それは即ち岸本の言った「準備」の一環なのだ。

日本人の従順さを嘆いたオシム

池上は当時ジェフにいた指導陣のなかでは、オシムの練習を最も長い時間外側から見ていた。

「これからシャトル・ランをするからコーンを置け」とコーチングスタッフに命じる。コーンを置いて開始すると、眉間にしわを寄せた顔でつかつかとやって来る。

「サッカーで、決まったところでターンする、なんてことがあるのか?」

コーチたちが混乱していると、腹立たしそうに指示を加えた。それは、2人でオフェンスとディフェンスに分かれ、オフェンスが次にターンし、ディフェンスはそれについていけという。バスケットボールなどで行うフットワークに似たものだった。

「こんなの当たり前だろう?」

つまり、サッカーは攻撃側に守備側がついて行くと言いたかったようだった。そこで、フォワードとディフェンスの選手は30メートルぐらいを。ミッドフィルダーには「こっちに来い！」と呼び寄せ、68メートルでターンさせた。中盤は動く範囲が広いのだから距離も長くなる。あくまでも試合のイメージを持たせようとした。

これを見学していたという池上は「じゃあ、なんで最初にコーンを置けって言ったの？ってなりますよね」と思い出し笑いが止まらない。

「恐らくオシムさんは、コーチに何のために置くのかをなぜ最初に考えないのだ、疑問に思わないのだと歯がゆかったのかもしれません。そんなふうにわざと試すことは多かった。コーチにも選手にも学んでほしかったのだと思います」

「日本の選手は他人の言うことを聞き過ぎる。日本の選手はコーチが右に行けと言ったら、右に行く。ヨーロッパの選手はわざと左に行くよ」

そう言って、自己判断力と創造力を求めた。オシムが自分が設定したグリッドから飛び出して動こうとしない選手を叱った話はすでに1章で書いたが、池上もその場面を何度も見た。

「どうして動かないんだ？　そこじゃもらえないだろう？」

「グリッドがあるので」と説明すると、再び怒られる。

「試合のピッチにグリッドなんてあるのか！」

池上は懐かしそうに笑って言う。

「それやったら、なんで（グリッドを示す）マーカー置いてんねん？　と選手は言いたくなるでしょ？　やってる選手には申し訳ないんだけど、本当に面白かったです。オシムさんは選手にいつも、これがゲームやったらどうするの？　と問いかけてました。常に実戦をイメージして動いたら、決まりごとなんて忘れるものだろ？　と言いたかったんだと思います。一見すると、はちゃめちゃなことを言っているようですが、言われた通りにしかプレーしない日本人の欠点を修正したかったのかもしれません」

練習時のギャラリーが多いと、さまざまな試みを見せてくれた。日本と世界レベルの違いを見せてくれることもあった。池上たちが見ていると「ちょっと見ておけ」といった風情でチラッとギャラリーのほうを見た。

ある日はポストシュートの練習を始めた。オシムがゴール裏に立ち、選手がシュート動作に入る瞬間に人差し指を左右上下に振って、シュートを突き刺す場所を指示するのだ。

始めると、日本人選手はうまく蹴り分けられなかった。

「でも、崔竜洙など外国人選手は全員間違いなく、ノッキングを起こさずにスムーズに蹴り込む。スキルの違いを見せつけられました」

ノッキングとは、走ってきて合図が出て蹴るまでに、一瞬躊躇して止まることを指す。日本人選手は動作がぎくしゃくするが、外国人はスムーズに蹴った。池上によると「彼らはボールを見ながらオシムさんを見るのではなく、オシムさんを見ながらボールが見えていた。でも、日本人はそれができなかった」と言う。

そんな実験も含め、オシムは日本人の弱点をよく知っていた。

「日本人は自分で責任取りたくないんじゃないの。だから背番号10は育つけど、センターフォワードやセンターバックが育たないだろう」

痛いところを突かれたと池上は思った。このようなメンタリティの違いは、日本にいるだけではわからない。特に中学校、高校と3年間で成果を出すために戦うサッカーでは育てるのが難しい。最後にゴールを仕留めたり、砦になるポジションの選手は勝つためにはミスできないためチャレンジしづらい。小さくまとまってしまう。

第6章

改革

——池上正

「サッカーのやり方を教えるんじゃない。
サッカーすることを教えなさい」

オシムがフォワードというポジションを語るとき必ず名前が挙がったのが、当時バルセロナに所属したメッシだった。池上は言う。

「メッシがドリブラーっていうふうに言われているけど、彼のドリブルがあるからこそ、彼のパスはすごく有効なんですよね。最後の最後、足を出すしかないような状況まで、彼はドリブルができるから、もらったほうは、ほんとにフリーでシュートが打てたりする。相手守備が警戒してメッシをマークに行った途端、ワン・ツーで抜けてしまう」

そのメッシに対し、オシムはもっと高い要求をしているようだった。

「メッシはまだ子どもだ。メッシがもう少しシャビやイニエスタみたいなことができる選手になれば、もっとすごくなれるはずなのに、彼は自分のやりたいようにやっている。それをシャビとかイニエスタがカバーしている。バルサはメッシのチームにしてはいけないのに」

オシムさんにはそんなふうに見えているのだ――言葉のひとつ一つに池上は懸命に耳を澄ませた。

「サッカーにエゴイストは必要ない」

この言葉も何度聞いたかわからない。そのたびに、自分ひとりでドリブルしてしまう子どもたちの姿が目に浮かんだ。

「勝ち負けのあるメニューにすると、時折出現するのがエゴイストな子です。特にドリブルが上手い子はひとりで勝手に行ってしまう。自分さえよければいい、自分ひとりでやってしまうことは、サッカーではマイナスだと子どものころから理解してもらわなくてはいけません」

例えば4対4など少人数のミニゲーム。池上は子どもたちに「全員がパスを繋いでゴールしたら5点ね」などと声をかける。そのようなルールを設け、たとえドリブルの上手い子がひとりいて得点しても相手に繋がれてゴールされるとかなわない設定にする。5点というボーナスポイントでもって、パスを繋ぐ価値を子どもに理解させるのだ。

日本人はサッカーをしていない

オシムは、ひとりよがりなプレーを好まなかった。

「日本人は、サッカーをしていないよ」

勝手にプレーするな、周りを活かせとジェフでは口酸っぱく言った。味方同士が互いにやろうとしていることをわかり合いながら、呼応、連動してゴールへ向かっていく。それがサッカーの本質であることを伝えた。

これについては、小学生から改善していかなくてはいけないと池上は考えている。例えば欧州の子どもたちは、相手とぶつからないようプレーする。コーチからも「(相手に)押し負けるな」「コンタクトで負けるな」といった声が一切出てこない。

なぜなら、幼児のころから「どこでボールをもらうといいか」を認知できるトレーニングが施されるため、相手から離れてボールを受けることが身についている。日本の子どものようにボールを奪いに来る相手を体で押さえてコントロールするのではなく、フリーな状況でパスを受ける。守備をする側は、攻撃をしてくる相手のパスカットを狙ううえ、相手に体をぶつけるようにしてボールを奪いに来ることもしない。つまり「トレーニング全体にボディーコンタクトがないのです」と池上は説明する。

そうなるのは、育成する順番が日本と違うからだ。欧州の育成を池上は「認知→判断→行動(プレー)」の流れだと言う。具体的には以下のようなものだ。

自分がボール保持者だとしたら、味方がどこにいるか把握する。2対1と数的優位の状況で、自分がドリブルでゴールに向かうべきか、味方にパスしたほうが得点の可能性が高いのか。守備をする相手選手の位置によって、いつパスをしたほうがいいのか。そのような「認知する力」を幼児から小学校低学年までの間に養う。

つまり、どこにスペースがあるのか、誰に渡せばチャンスになるのか。そこを見極めたら、判断してプレーする。プレーはスキル、技術を指す。せっかくいい認知をし判断したのに、最後のプレーの段階でトラップミスをすれば、子どもは「チャンスだったのに」と悔しがる。足元の技術を高めようと意識し、自ら練習する。そうやってサッカーを自分のものにしていく。

ところが、日本の子どもたちはこれを逆にした順番で指導されている。行動（プレー）→判断→認知の順番で教えられているのだ。サッカーに出会ったら、まずインサイドキックを教わる。コーンドリブルをし、リフティングも目標回数を与えられ、長い期間をクローズドスキルに費やす。その後、小学3～4年生になると突然こう言われる。

「蹴るだけじゃだめ」「まわりをみて」「スペースを探して」「ボールをもらえる位置に動いて」

そう言われても、何もベースを教わっていない子どもたちは困ってしまうのだ。

子どもたちが「認知→判断」をスムーズにできるよう、池上はオシムがやっていた多色ビブスのトレーニングをやらせる。

選手に4色か5色のビブスをつけさせる。最初は2タッチでプレー、自分と同じ色のビブスの人にはパスできない、などのルールを告げる。慣れてきたら、もらった人にはリターンパスができないといった制限をつける。選手はリターンパスができると楽だからだ。

次は同じ条件でダイレクトパスを回すよう指示する。選手は自分の周囲にどの色のビブスの選手がいるのか、誰にパスするのが最も有効なのかという情報を仕入れて判断してもらう。それがすなわち「周りを見る」という動作であることを会得させるのだ。

池上はスロベニアのコーチに指導を受けた際「パスが来たら（受けるまでの）ボールが転がっている間に周りを見なさい」と言われた。自分も含め日本のコーチは「周りを見てからパスをもらいなさい」と指導していたので衝撃的だったという。ボールが転がっている間に状況は変わる。そのくらいスピーディーな展開を目指さなくてはいけないと学んだ。

オシムからも指導のポイントをたくさん学んだ。

例えば視野の確保。

スペースに動いてボールをもらおうとジェフ選手が走ると、オシムは不機嫌な顔で選手に尋ねた。

「左右を見ていたのは知っている。だが、前方はどうだったか？　後ろは？」

次に選手が前後左右を意識してプレーを選択しても褒めない。プロであれば、当然だからだ。次に、左右前後を意識したうえで斜めに走った選手に、初めて「ブラボー！」と言って拍手を贈った。

二人の師匠

池上はオシムがジェフを去ったあとの2008年に『サッカーで子どもをぐんぐん伸ばす11の魔法』を上梓。のちに8万部超えのベストセラーになる同書の初版は、帯に「オシムさんに出会って、自分のやってきたことに間違いはないと確信した」の一文を入れた。

オシムは車での移動途中、河川敷や公園で子どもがサッカーをしている景色を見つけるとよく車を停めさせた。ある日も、ドアを開け、外に出た。そして、同乗していた祖母井にこう話した。

「ここに日本のサッカーのルーツがあるぞ」

そして、子どもや大人が楽しそうにボールを蹴る姿を穏やかな表情で見つめていたそうだ。

実はこの話は、池上が祖母井から聞いたものだ。祖母井とオシム。深い関係を持つこの両者が池上の師匠だった。

1980年代半ば、ドイツでのコーチ留学を終え帰国していた祖母井に、オランダの育成方法を解説したビデオを観せられたことがある。画面に映るオランダの子どもたちはいつも誰かしらがコーチに自分から話しかけ、コーチのほうも子どもの目線までしゃがんで丁寧に答えていた。

当時の日本の指導スタイルとの違いに驚く池上に、祖母井は話しかけた。

「見た？　大人が消えてるでしょ？　これがヨーロッパでは当たり前なんだ。日本のコーチたちも変わらなくてはいけないね」

祖母井から得る学びは新鮮で貴重なものばかりだった。

よって祖母井がジェフで働き始めたときから、池上は会うたびに「一緒に仕事がしたい」と願い出た。

念願叶ってジェフに入団したのが2002年。中学1年の監督を任された池上は、自身のやり方で指導した。練習は基本的に週3回。土日のどちらかは必ず休ませた。練習時間も1時間半で終了した。練習試合などは、保護者の車で送迎するのではなく。全員で電車移動を当たり前にしていた。

休みは多いし、練習時間も短い。怒鳴らないし叱らない。厳しく指示もされない。ただ、選手に「見てた?」「今のプレー、どう?」と問いかけ続けた。すると保護者から「もっと厳しくしてください」という声が聞こえてきた。試合をすれば負けて帰ってくるため、池上の指導力を不安視する声もあった。なかには「小学生の頃はキャプテンで、監督に殴られたり蹴られたりしても頑張ってきた子なんです」と訴えてくる保護者もいた。

「私は日本一厳しいコーチのつもりです。子どもたちは全員プロになりたいと言っている。プロになるためには、自分で気づかないといけませんよ」と保護者に話した。試合をすれば負けて帰ってくるため、不満が渦巻いていた。

それでも、祖母井はもちろんのこと、当時ジェフの社長だった岡健太郎も池上のやり方を否定しなかった。岡は「祖母井君は宇宙人だと思っている。だから、池上君は宇宙人と地球人との間ぐらいかな」とおおらかに構えてくれた。

ところが指導して半年経たずに、池上率いるジェフの中学1年生は15歳以下の大会でJリーグ下部組織の強豪であるジュビロ磐田から勝利を挙げた。セレッソ大阪にも引き分け、成果が表われ始めた。すると、親たちはこぞって「池上さんはすごいコーチだ」と言い始

第6章 改革

「サッカーのやり方を教えるんじゃない。サッカーすることを教えなさい」

——池上正

めた。

　そんなある日。夏休みが明けたころに祖母井から呼び出された。

「ジェフはホームタウンのためにまだ何もしていないよね。子どもたちのために何かしたいんだ」

　祖母井とは「サッカーで日本の教育を変えたい」と常々話していた。

「まず質問させてくれ。子どもにとっての遊びって、何だかわかる？」

　質問され「楽しみ、ですかね。ルールまで自分らで決められるような楽しい遊びかな」と答えると、ふふんと鼻を鳴らされた。

「おまえ、隊長失格やぞ。子どもの遊びには、そこに大人（指導者）がいないほうがいい。それが子どもの遊びだ。少年サッカーもそうなるべきだ。大人は消えなきゃいけない」

　安全管理やメニューを出す役として、大人がいる。しかし何かを教え込むのではなく、あくまでも楽しく自由に遊ばせることが最大のテーマだと告げられた。そこで池上は、子どもがたとえ１００人いようが大人はひとりで指導することに決めた。

　大人がいないほうが、子どもは成長する。子どもは評価を気にせず、失敗を恐れず自由に活動できる。指示がないので自ら動く。誰かがけんかをすれば誰かが仲裁するなどして、コミュニケーション能力を磨いていく。おとなしくて仲裁できなくても「その様子をみる」

ことが子どもの未来に繋がるのだ。

オシムのハグ

「スポーツとは、何でしょう。観て楽しむもの？　やって楽しむもの？　どちらも正解でしょう。しかし、どちらもエレガントな正解とは言えません。スポーツとは、育てるもの」

スポーツは、人のこころを育て、からだを育て、チームワークを育て、夢や情熱を育てるものだ。そして、そのスポーツもまた、育てられることを必要としている——オシムの言葉をそのように池上は解釈した。こんな言葉も残している。

「サッカーは人生の縮図だ」

池上は「オシムさんがおっしゃったように、サッカーは人生と似ていますね」と語る。

「何かを成し遂げようと思えば、必要な条件を整えなければいけません。そうやってサッカーが人を育てるように、人はサッカーを育てていく責任があると思う。そのことをオシムさんから教わりました」

この「育てる方法」を間違えている大人が、日本にはまだ少なくない。育成を変えていかなくては、日本サッカーは本当の意味で新しい景色は見られないのではないか。

池上は、今や「少年サッカーの神様」と呼ばれるようになった。多くの著書でオシムのサッカーとコーチングを伝えている。ドイツの育成現場を視察するツアーを企画し、市井のコーチたちを連れて行く。全国津々浦々へ講演に出かけるほか、大学で授業をし、中学校の外部指導員を務め、自身のクラブを設立し小中のチームの指導も行う。日本のサッカーを育てる責任を果たそうと、精力的に動き続ける。

池上が講習会を行うと、そこに来た子どもたちは必ず「考えるのが大変だった」と感想を述べる。大変と言いながら、彼ら彼女らの顔は充実感にあふれている。その笑顔を見つめながら「オシムさんも子どもが好きやったな」と思い出す。

ジェフではトップチームが練習をやっている横で子どもたちのリクレーションをやったり、サッカー大会を実施していた。その都度オシムに頼みに行くと「まったく問題ない」と即答してくれた。ふらりと子どもたちの前に出てきて、握手をしたり、頭をなでてくれることもあった。

オシムが監督3年目に突入する年のオフ明けのことだ。2月を過ぎてもなかなか来日しなかった。他のクラブは監督発表やお披露目を終えているのに、ジェフだけができなかった。祖母井がグラーツの自宅に電話をしても「大丈夫だ」としか言われない。

それが、ある日クラブハウスに突然現れた。廊下でばったり会った池上を抱きしめた。

「オシムさんの顔を見た私が安心したというか、おお、やっと帰ってきた、みたいな顔をしたからだと思うんです。オシムさんのほうから歩み寄ってきてハグしてくれました」

最初で最後。言葉のひとつもない、静かなハグ。こころが通じた師弟の時間だった。

池上正（いけがみ・ただし）
1956年、大阪府生まれ。大阪体育大学卒業後、サッカーの指導者の道へ。2002年ジェフの育成・普及部コーチに就任、幼稚園・小学校などを巡回指導する「サッカーおとどけ隊」隊長として千葉・市原市を中心に延べ40万人以上の子どもたちを指導。その後、京都サンガF.C.の育成・普及部部長などを歴任。京都府内でも出前授業「つながり隊」を行い約5万人を指導。著書に『サッカーで子どもをぐんぐん伸ばす11の魔法』（小学館）など多数。

第6章

改革

「サッカーのやり方を教えるんじゃない。
サッカーすることを教えなさい」

――池上正

IVICA OSIM'S LEGACY

第7章

辿る

「ピッチ上で起こることは、人生でも起こり得る」

——間瀬秀一

仕事は「通訳」でなく「指導者」

オシムの言葉は、選手になかなか伝わらなかった。

「何やってるんだ？　おまえ、ちゃんと伝えたのか？　全然できないじゃないかっ」

オシムの白い頬がみるみる赤く染まる。

「い、いや、伝えてます！」

通訳の間瀬秀一が懸命に訴えても、「ちゃんと訳せ！」と叱られた。それもそのはず、目の前の選手たちに「この練習はこの色でこの順番でパスを回します」と伝えてもできないのだ。できなければ、間瀬が怒られた。通訳を始めたばかりのころは直訳に徹したが、それではやっていけないと判断した。

オシムの練習は複雑で難しい。人数もピッチの形もどんどん変わるため、選手は混乱してついていけなかった。間瀬は「この仕事は通訳じゃないんだと思いました。サッカー選手である彼らが理解して、それをできるようにするまでが自分の仕事の成果なんだ」と考えた。そこである日を境に、思考をこう転換した。

「俺はもう通訳じゃない。指導者だ」

訳すことをやめた。

ボスニア語を日本語にするのではなく、伝える順番を変えたり、言葉の補足もたくさん施した。

「要は、あの人の頭で考えていることを実行できるよう勝手に言葉を変えた。正確に訳すのではなく、スムーズに練習ができ、選手がオシムさんの要求に応えられることを優先したんです」

そう語る間瀬がオシムに感謝するのは、オシムが自分の言葉を変えて伝えているとわかっていてもそこに「暗黙の了解があった」ことだ。なぜなら、日本選手にオシムの要求を伝えるには「一を五にして言わなければいけないときもあれば、その逆もありました」(間瀬)。

運が良かったのは、オシムと同じ旧ユーゴスラビアの国であるクロアチアでプレーした経験が役に立ったことだ。例えばオシムがひと言「仕掛けろ」と言ったとき、一様に「ドリブルで突っ込んでいけ」という意味ではない。ボールを動かす中で「勝負になるタイミング」だという意味だ。よって、パスなりドリブルなりを自分で選択しなくてはいけない。あるいは「全員で仕掛けろ」という意味の場合もある。ところが、日本では例えば「ドリ

ブルをするか、しないか」といった単純な判断になる
オシムの「仕掛けろ」をそのまま直訳しても、まったくうまくいかなかった。そこで間瀬は言葉を足した。

「今こういう練習をしてるよね。自分がボールを保持したとき、目の前がこういう状況で、こういうタイミングだったら仕掛けよう」

そこまで言った。オシムと同じ東欧のサッカーやその考え方を間瀬は知っていた。自分の引き出しから言葉を繰り出した。このため間瀬は徐々に通訳の殻を破って監督、「ミニオシム」と化した。自分の言葉でしゃべるため、標準語から出身地である三重県の方言に転換された。

「何しとる？　ここで中盤が上がらんでどないすんねん！」

オシムが言ったことと意味は同じである。だが、羽生や勇人は「関西弁で物凄い迫力で怒ってくるので、なんで俺ら間瀬さんにあそこまで怒られなきゃいけないいんだよって実は

腹立たしかった」と苦笑いで振り返る。選手が不満そうなことに間瀬は気づいていたが「関西弁ふうに言うほうが、なんだかオシムさんぽかった」と言う。

例えば記者から「なぜこんなにたくさんの色のビブスを使うんですか？」と尋ねられ、オシムがボスニア語で答えたのをこう訳した。

「カラフルやんけ」

ジョークを好み、ウイットに富む受け答えをするオシムに、関西弁は似合っていた。祖母井に小倉、池上など、オシムとピッチ内外で寄り添ったスタッフに関西出身者は少なくなかった。

最初のほうは、選手ができないと「ちゃんと訳してるのに、なんで俺がオ

通訳としてオシムの隣で約3年半を過ごし、幾多の“オシム語録”を演出した

第７章
辿る
「ピッチ上で起こることは、人生でも起こり得る」
――間瀬秀一

シムさんに怒られるんだ!?」と間瀬は腹を立てていた。ところが、オシムの要求をうまく表現できない選手に「いくつかパターンがある」ことに気づく。例えば「理解できない、もしくは考えていない」。もしくは「ひとりよがりにプレーしているだけで、コミュニケーションをとってない場合」。そして、練習の立ち上がりなどにありがちな「集中していない」こともある。

それ以外の場合、つまり間瀬がしっかり説明しても選手ができないと「自分が指導者の覚悟でやっているので、選手ができないと彼らに申し訳ないと思うようになった」。

自ら「僕も走って行きます!」と志願して、選手の背中を追いかけ一緒に走った。選手に走る理由を言わなかったため、選手のほとんどがオシムに命じられたとずっと思い込んでいた。

「僕のレベルも上がってきてたんですよね。この仕事は通訳じゃないんだ! って思いました。覚悟ができたんです」

そのあたりで、祖母井に「君の通訳、変わったよね」と言ってもらえた。気づいてくれる人がいることに間瀬は感動し、走り続けた。体は鍛えられ、エンジョイのミニゲームに出ろと言われハットトリックをしたこともある。それを見て驚いたオシムは、二度と間瀬にプレーしろと言わなかった。

「じゃあ、俺抜きでやれ！」オシムにキレた日

いつもに増して、オシムは複雑な練習を繰り出してきた。間瀬が指揮官の言葉を懸命に伝えるが、なかなかうまくいかない。アウエー戦のため遠征に出かけ、試合の前日練習をしていた。

「間瀬っ、ちゃんと伝えろ！」

何度も怒鳴られた間瀬は、とうとう堪忍袋の緒が切れた。

「じゃあ、俺抜きでやれやっ」

ボスニア語で怒鳴り返し、すたすたとピッチの外に出てしまった。

オシムは一瞬困った顔をしたが、ドスドスと足を踏み鳴らすようにその場を離れ、ドイツ語ができるコーチの小倉を呼んだ。それでもうまくいかず、消化不良のまま練習は終わった。

帰りのバスは、重々しい空気に包まれた。座る席は、オシムが一番前の左。通路を挟んだ右が間瀬と決まっていた。とりあえず定位置に腰を下ろしたものの、いつも間瀬に「今日の練習はこうだったな」「あの選手こうだった」と話しかけるオシムはじっと押し黙ったまま。左の窓から外を見ている。仕方がないので間瀬も右の窓に目をやった。

「オシムさん相手にブチ切れるなんて、とんでもないことをしてしまったんだと。こころの中で頭を抱えていました。普通に考えたら、俺もうクビやんけと落ち込みました」

バスから降りてとぼとぼとホテルの玄関をくぐると、オシムが待っていた。


「ケーキ、食うか？」


言われるがまま、間瀬はホテルにあったカフェへ一緒に入り、ショーケースのケーキを2人で選んだ。テーブルにつくと、何も知らないスタッフがどやどやと入って来て、何事もなかったようにその場でカードゲームを始めた。

2人の間には、間瀬のチョコレートケーキとオシムのショートケーキが置いてあったが、どちらもケーキに手をつけない。間瀬は「クビになるのでは」と沈み、オシムは間瀬に「やめられるのでは」と警戒していたはずだ。両者はヒリヒリした空気に包まれ、甘いケーキを食べる気分ではなかったに違いない。

つまり「食べる」ケーキではなく、「仲直りの印」のケーキである。監督就任2年目のことだった。

ところで、前述したカードゲームは「レミー」という麻雀に近いもので、賢さが試される。

オシムはこれを好み、遠征や合宿で宿泊した夜などに自分の部屋でコーチや間瀬と行うのが常だった。オシムは圧倒的に強かったうえに、スタッフ一人ひとりの癖までも見抜いていた。例えば「おまえは左半分があまり見られない。見逃す場所がいつも左半分の領域だ」「(カードの)手がいいと急に黙り出す」「手が悪いと汗をかく」などと解説した。一方で、間瀬はケーキで仲直りしたころみるみる強くなり、オシムと対等に戦えるように。オシムに誘われ、一対一で相手を務めるまでになった。

ある日のこと。スタッフ数人でゲームに興じた際、間瀬はいきなりオシムから足を蹴られてしまう。どうやら切ってはいけないカードを捨ててしまったからのようだった。

「もう、ホントびっくりですよ。オシムさんは、日常生活であろうが勝負事のひとつが結果に結びつくっていう考えの人なんですね。自分の右腕である通訳がこんなレベルの打ち方してるっていうのが腹立たしかったんだと思います」

蹴られたことを、えへへと笑って振り返るのだ。

「つまり、それくらい僕は愛されていたと思う。父親と息子みたいな関係でした」

このように、時に激しくぶつかり合いながら信頼を深めた。

オシム3年目のナビスコカップ準決勝第2戦の対浦和レッズ戦。第1戦をアウェーで3－1と先勝していたため、トータルスコアでジェフが1点リードした後半終盤に、好位置でフリーキックを得た。セフティにボールキープをするのか、さらに攻めるのか。だが、万が一失点したら、一気に流れが悪くなる。判断が難しい局面だった。

ベンチから見た間瀬の目には、何人かはパスしてボールを囲って時間稼ぎをしようとしているような気配があった。一方で、ディフェンダー何人かは点を取ろうと上がってきていた。

「オシムさん、これどうするんですか？　点取るか、時間稼ぐか。選手は迷ってますよね」

間瀬はオシムに判断を仰いだつもりだったが、逆に質問された。

「おまえは、どう思うんだ？」

間瀬は強気で思い切りの良い性格だ。

「攻めましょう」

すると、オシムは「だったら、おまえが言いに行けよ」と言う。キッカーは今にも近くの選手にボールを出して時間稼ぎをしようとしていたが、間瀬が「ちょっと待て！」と止めた。そばにいた坂本に「みんなに点取りに行けって言え！」と伝えると「えっ？　取りに行くんですか？」と目を丸くした。

結局、ボールをゴール前に上げて攻め込み、セカンドボールをキャプテン阿部が決めた。オシムは破顔し、間瀬の頭をぽんぽんとたたいた。

成功したから良かったものの、オシムの通訳は難行苦行の連続だった。通訳なのにメモもできなかった。

「俺が言ったことや練習メニューを、ノートに書くな！」

オシムはそう言ったが、コーチも選手もメモを取った。誰にとっても貴重な練習であることは、間違いなかったのだから。

「みんな自分が後で使えると思って書いておいた。オシムさんに隠れて書いて残してたと思うんです。ただ僕は言葉をダイレクトに受け取って通訳しなきゃいけないので書かなかった。書けば安心できるけど、書かなければ頭に残さなきゃいけない。だからオシムさんのトレーニングの原理っていうのは確実に頭に残そうと思って、しっかり見ていました。今でも頭に残っています」

間瀬は、なぜメモしてはいけないのかを尋ねたことがある。返答に痺れた。

第7章

辿る

「ピッチ上で起こることは、人生でも起こり得る」

——間瀬秀一

「書いたものは、書いた時点で古いんだ。古いものになる」

ちなみにオシムが口にした言葉で、日本のアスリートに広がった代表的なものに「勝者のメンタリティ」がある。オシムのボスニア語を直訳すると「勝とうとする意識」みたいなものだったが、とっさに間瀬が作った。オシムのおかげで語彙が増え、言葉の感覚も磨かれた。

モンゴル代表監督に就任〜最後の電話

間瀬はオシムがジェフを去った3年後の2009年までクラブに在籍。コーチやスカウトを務めた。07年にトップチームのコーチになった際、「Jリーグのコーチになりました」とオシムに電話で報告したら、「早かったな」と言われた。指導者を目指すとは一言も言ったことはなかった。

「でも、オシムさんは僕が指導者になることを願ってくれていたし、予測もしていたと思うんです」

クロアチアでプレーしていたときは「現役を引退したら貿易ビジネスをやろう」と考え、

2021年4月モンゴル代表監督兼U-23同国代表の監督に就任した

その手始めにオシムの通訳を引き受けたはずだった。ところが、中間クラスの常連だったジェフがわずか1年で優勝争いを繰り広げるように。クラブは息を吹き返し、指導を受けた選手が代表に選ばれるのを見てきた。オシムの偉大さと、監督業の魅力を目の前で見せつけられた。

「選手も、スタッフも、サポーターも、かかわった人たちみんなを幸せにしたんです。こんな素晴らしい職業はないぞって。オシムさんと出会った1年目の年末に、自分も10年後にS級を取ってJリーグの監督を目指すって決めたんです」

その後、ファジアーノ岡山のコーチ

などを経て15年に日本サッカー協会公認S級指導者ライセンスを取得。J3ブラウブリッツ秋田やJ2愛媛FCの監督などを経験し、21年4月にモンゴル代表監督兼、U-23同国代表の監督に就任した。

目標を達成したばかりか、他国の代表監督にまでなってしまったことを、オシムは手放しで喜んでくれた。

「すごく嬉しそうでした。めっちゃ饒舌に喋って。早口で聞き取れないほどでした。こんなオシムさんは見たことないっていうくらい興奮されていました」

笑顔と歓声の絶えない電話。最後の「チャオ」という弾んだ声。それがオシムとの最後の電話になった。

間瀬率いるモンゴル代表は、カタールW杯アジア2次予選に初参戦。コロナ禍でリモート指導を余儀なくされながらも初勝利を挙げるなど奮闘した。ところが思いもかけない目の病気に罹ってしまい、21年12月にやむなくモンゴル代表監督を退任。その後は、愛知県内のクラブで指導を続けている。

「海外の国の代表監督になって、病気になって退任するところまで、あの人の人生を辿ってますよね。いや、レベルは違いますけど。アハハハハ」

病になったことは無念だったろうに、間瀬はオシムと似た運命を1ミリほど喜んでいるように見えた。

22年11月のオシム追悼試合に、間瀬も駆け付けた。

実は佐藤勇人から「オシムさんの写真を掲げて、そこに何かオシムさんの言葉を載せたいんだけど、何にしようか迷ってる。記者会見で言ったことじゃなくて、スタッフとか選手とかサポーターに向けて言ったような言葉を載せたい」と相談された。

悩んだ挙句、この言葉にした。

「ピッチ上で起こることは、人生でも起こり得る」

ただ、実際にオシムが口にしたのは下記の逆パターンのほうだ。

「普段やっていることが、ピッチ上でも起こるぞ」

なぜなら、選手に準備させるためだ。よって、間瀬がカードゲームでミスをすれば怒るし、車の運転でマンホールの上を通ってシートを揺らせば不機嫌になった。普段からさまざまなことに気づく人間でいることを間瀬に要求した。だが、逆説もまた然りだと間瀬は思う。

第7章

辿る

「ピッチ上で起こることは、人生でも起こり得る」

――間瀬秀一

ピッチで起きることは人生でも起きる。オシムはそうも考えたはずだ。

サッカーは2点リードされると逆転されがちだ。ロスタイムの数秒で運命が変わったりする。実力が上のチームと10回戦えば一回は勝つチャンスがある。ピッチのそこここに奇跡が落ちているではないか。オシムジェフもまた然りである。

「追悼試合に来られる人はサッカー選手ではありませんからね。それでオシムさんの言葉をひっくり返しちゃいました。オシムさんは物事をクリエーティブに考えて、人に喜んでもらえるようなことをやった。自分たちよりでっかいクラブに勝ったりするわけじゃないですか」

だから、人生でも奇跡を起こせると間瀬は言う。

「僕を含め、どんな人でも。自分が鍛錬して、周りの人たちと力を合わせれば」

間瀬は自分自身と他者の可能性を、これからも信じ生きてゆく。オシムが自分を信じてくれたように。

間瀬秀一（ませ・しゅういち）

1973年、三重県生まれ。日本体育大学卒業後、アメリカでプロ契約。そこからメキシコ、グアテマラ、エルサルバドル、クロアチアでプレーし２００２年に引退。その後、クロアチアのザグレブ大学でクロアチア語を学び、２００３年よりジェフでオシムの通訳を務めた。その後、ジェフのコーチやスカウトを務め、２０１０年に岡山や東京Ｖでコーチ、２０１５年にはブラウブリッツ秋田で監督業をスタート。２０２１年４月には日本協会のアジア貢献事業の一環でモンゴル代表監督に就任。同年12月に目の病気のため退任。現在は愛知県内のクラブ「ワイヴァンＦＣ」でＵ-13世代の監督を務める。

第７章

辿る

「ピッチ上で起こることは、人生でも起こり得る」

——間瀬秀一

IVICA OSIM'S LEGACY

第8章

紡ぐ

「コーチは調教師ではない」

——千田善

「みなさんはクソ野郎です」

　監督としてラストキャリアになった日本代表。29年間に渡るオシムの指導者生活で、最後の通訳を務めたのが千田善である。オシムが脳梗塞で倒れ退任してからも、オシムを支え続けた。

　千田はオシムが入院していた病院へ通い、リハビリ時の通訳を買って出た。

「左手を挙げて」

「そうじゃない。できるだけ上に」

　少し前までオシムが選手に命じる言葉を訳していたのに、今度はオシムに命令しなくてはならない。千田は「言葉はすべて命令形ですよ。手を挙げていただけませんかなんて（リハビリの）先生はお願いしないからね」と回顧する。

　オシムは、例えばひとつの動作を10回やれと言われれば、11、12、13回と増やして自らに負荷をかけた。顔をゆがめ、息を荒げながら無言で取り組んだ。その姿を見ながら「本人が一番悔しくて痛いはずなのに……」と千田は唇をかみしめた。

「ああ、これが本当のアスリートの筋トレなんだなって思いました。彼は常に自発的にやるわけです。本当に、本当に、苦しいのにね」

来日し見舞いに駆け付けた娘が、廊下で歩行訓練をする父親と遭遇した。足を引きずるオシムを見ていられなくなったのだろう。思わず叫んだ。

「パパ、みっともないからやめて！」

すると、オシムはあの大きな目を見開いて声を荒げた。

「そこをどけ！　自分を治すために、やってるんだ！」

それは、家族がかつて見たことのない姿だった。苦しいトレーニングに取り組むアスリートとしてのオシムだと千田は感じた。

「娘さんは父親のあのような姿に遭遇しショックを受けたのだろうと思います。〝大きくて強いパパ〟しか知らなかったので、悲しくて見ていられなかったのでしょう。その時、オシムさんはすごく怒りました。自分は必ず復活するんだっていう気持ちがあったと思います」

リハビリに取り組んだ病院では、奇遇にも長嶋茂雄が同じ病で倒れた際に入院していた同じ病室だった。長嶋とは左右麻痺の出た側が異なるため、つかまるポールなどが新たに設けられていた。

しかも、長嶋は当時、リハビリのためその病院に毎週通院していた。あるとき、二人はリハビリルームで遭遇。先にオシムが気づき、千田に「あの人はベースボールの監督ではないか?」と言う。長嶋もオシムに気づいて立ち話ながら歓談した。二人の通訳はもちろん千田が務めた。

千田は1983年、旧ユーゴスラビアへ留学。監督になって4年目のオシム率いるサラエボのチームの試合を現地で観ている。当時のオシムについて「サラエボのジェリェズニチャル(鉄道員という意味)というチームの監督で、僕は当時からオシムの大ファンだった。ダイレクトパスがポンポンと繋がってめちゃくちゃ面白かった」と述懐する。

千田は高校のサッカー部でキャプテンだったが、プロの経験はない、コーチでもない。国際ジャーナリストである。それなのに日本のサッカー関係者の中でも知る者は稀な80年代のオシムを見ていた。約10年にわたるユーゴ滞在中に紛争が起き、書き記せない凄惨な戦争取材をも体験している。紛争に巻き込まれた母国を「共有」しているという点が、オシムに選ばれた理由のひとつかも知れない。

しかも、この異色の通訳、「フットボールの監督」としてのオシムと過ごした時間はわずか1年半弱しかない。病のため途中退任したため、無論のことだがW杯にも出ていない。それなのに『オシムの伝言』『オシムの戦術』『オシムのトレーニング』とオシムに関する著作は3冊もある。これら〝オシム3部作〟は、オシムの魅力にあふれている。彼らの時間がいかに濃厚で意義あるものだったかがうかがえる。

オシムがどのような意図をもって言葉を紡いだのか。この点について、オシムの通訳でありジャーナリストでもある千田に聞いてみた。

「オシムさんが誰かに声をかけたりするのを通訳する関係上、僕はその場にいただけなんですよ。横から聞いて、へえーって感心したり、そうなんだぁと納得したりね」

時に感情ほとばしる印象のあるオシムに対し、千田の語り口はどこまでもやさしく穏やかだ。だが、オシムが怒るときは当然ながら千田も「精一杯、怒った」という。

「でもね、長々と訳さなきゃいけないような怒り方はしませんでしたね。なおかつ選手たちに汚い言葉（いわゆる四文字言葉）を言ったりとかは、まずない。（日本で指揮を執った）外国人監督にはほとんどいなかった。突然変異ですね。家で家族で話してるときはよく出てたのは知ってますけど（笑）」

ただし、練習で一度だけ飛び出したことがある。試合のためのトレーニングの説明をしていたときだ。

「これについてわからなければ、おまえたちはクソ野郎だ」

千田は仕方がないので、それを一語ずつ丁寧に訳した。

「これについてご理解いただけないなら、みなさんはクソ野郎です」

できるだけ物静かに、厳かに伝えた。

「そういう言葉を使ったのは、あの一回だけでした。怒るときの言葉は短く、汚い言葉は使わず。そういうスタイルでした」

怒る言葉の次は「嫌いな言葉」である。1章で紹介したように「切り替えよう」「しょうがない」。このことは、千田も感じ取っていた。

「ミスとか失敗の責任をはっきりさせずに次に行こうとする場面で『切り替えよう』と発すると、怒ってましたね。恐らく一回のトレーニングで30回くらい耳にしていたと思うんです。だから、そうじゃないだろう、今のプレーは誰が悪かったんだ？　はっきりさせろとプレーを止めさせていました」

特に失点した場面で、なぜゴールされたのか、責任は誰にあるのか、ディフェンダーなのか、キーパーなのか、ディフェンダーのひとつ手前のミッドフィールダーの詰めが甘かったのか。そこを明確にした。そのことを、代表の初期のころから徹底して指導したという。

「サッカーは、エラーが記録に残らない。野球など他のいくつかのスポーツと比べるとそのミスを犯したのが誰なのかがわかりづらい。ただし、ミスをしても、チャレンジして失敗したっていうのは褒める」

「褒める言葉」は、選手に直接言わない。ジェフ時代と同じように、日本代表でもメディアを通して伝えた。

「鈴木（啓太）は大きな問題はなかった。相手のいいところをつぶすプレーをしている。日本のマケレレだ。これはマケレレを褒めている」

ボランチの一角を担った鈴木啓太は、労を惜しまずチームのために守備に奔走した。その鈴木を、レアル・マドリードやチェルシーで活躍した元フランス代表クロード・マケレレの名を挙げて評価したのだ。マケレレも、オシムが高く評価する「水を運ぶ」プレーヤーだった。

「あのマケレレですよ。鈴木啓太は嬉しかったと思いますね」と千田は目じりを下げる。あるいは「オシムさん、ちょっと言い過ぎ」のニュアンスはあったかもしれない。が、「これはマケレレを褒めている」と結んだところが、薫り高いスパイスを言葉にふりかけるオシムらしかった。

日本代表の試合の多くはナイトゲームで終了は21時半を過ぎる。その場で解散にして、試合後のミーティングをやらないのがオシムのポリシーだった。

「試合が終わった後のミーティングは、選手も監督も興奮してるからやらないんだ」

したがって、試合に関するメッセージを伝えるために、スポーツ新聞をはじめとしたメディアを有効利用した。なかには、チーム全体への課題の提示もあった。

「サイドチェンジが各駅停車」

端的でわかりやすい言葉は、新聞の見出しになった。

記者との丁々発止のやり取りは有名だが、千田によると旧ユーゴスラビア時代はオシムにとって「メディアは敵」だったという。例えば新聞に「試合時にオシムが宿泊したホテルの窓の外には、ウイスキーやワインの空き瓶が多数落ちていた」などとデマを書かれたこともあった。そのような苦汁を味わったものの齢を重ねて丸くなったのか、日本の記者たちとは良好な関係を築いた。それについて、千田や間瀬が大きく貢献したことは言うまでもないだろう。

ちなみに、選手ミーティングはあまり行わず、やったとしても短い時間だ。それなのに、コーチングスタッフとのミーティングは恐ろしく長かった。東京は御茶ノ水にある日本サッカー協会で週2回、定期ミーティングを実施。週末のJリーグの試合の視察報告なども兼ねていたが、多くはオシムとの意思統一とコンセプトの共有。つまりはコーチへの指導だった。概ね4時間、長いときは6時間を超える日もあった。

であれば通訳の千田は会議時間全体の半分しゃべることになる。脳疲労でブドウ糖が足りなくなり、意識がボンヤリするような状態になったという。ミーティングが終わって、協会から御茶ノ水駅まで向かう600メートルほどの距離がとても遠く感じた。

「スタッフミーティングが長かったのは、選手から何を聞かれても一貫して迷いなく答えてほしかったようです。そうやってチームの安定性をもたせるためにやっていた。(2010年の)ワールドカップを目指して、本当に手抜きなくすべてのエネルギーを代表に注いでいたと思います」

コーチは調教師ではない

オシムの通訳になる前職は大学教員。現在も立教大学で学生にジャーナリズムを教える千田は、教育的な観点からのまなざしも思慮深い。オシムが千田やコーチたちに口酸っぱく言ったのが「選手の顔を見ろ」だ。

「選手の顔を見れば、頭を使っているのかがわかる。練習や試合を楽しんでやっているかどうか、自分の置かれた環境を嫌がっているかどうかも」

選手の表情を見て交代させることがあったし、ひとつの練習メニューを途中でやめて違うものに替えるときも選手の顔を見て決めていた。監督就任2年目の終盤からはトレーニング前にコーチを集め練習の狙いや内容を伝えるようになったが、当初は何も告げなかった。自分の脳内に用意したメニューを、チームの状況や選手の顔を見てどんどん変えていった。

選手に疲労の色が濃いと見るや、紅白戦を5分でやめたこともある。オシムがストップをかけると、選手たちはガッカリしたような、でもホッとしたような複雑な顔を見せた。

要するに選手が主体なのだ。選手の気分が乗っていないのにやっても意味がない。指導者の「やらせたい」が優先されがちな日本の価値観とは明らかに一線を画していた。

選手をどう従わせるか。そんな話を千田とした際、こんな主旨の話をした。

「選手よりもサッカーを知っているという事実を見せてやればいいのだ。このオッサン凄いぞ、みたいな感じで見てもらえるようにすれば、選手はついてくる。練習の中で相手にマークされて困ってる選手に、こうすればいいじゃないかというような斬新なアイディアを授けたり。面白いト

日本代表監督就任以降、公私に渡って共に歩み、通訳として名将の言葉を伝えてきた

第8章
紡ぐ
「コーチは調教師ではない」
――千田善

レーニングをしたり」

つまりプレーでは選手にかなわない監督やコーチが選手を上回るには、アイディアしかないということだったった。

オシムジャパンのGKコーチである加藤好男から「理想のゴールキーパーとは？」と質問され、こう答えた。

「私が理想とするゴールキーパーは、手が使えるカンナバーロだ」

大きくて俊敏といった当時良しとされた一般的なGK像でも、著名なキーパーでもない。2006年W杯ドイツ大会で、イタリアを優勝に導き同年のバロンドールに輝いたファビオ・カンナバーロである。175センチと小柄ながら鋭い読みとマンマークの強さを併せ持つ、異色のセンターバックの名を挙げたのだ。

「動きの質とか俊敏さ、相手の動きを読む力。そういうものを持っているクレバーなキーパーが理想だと言いたかったのでしょう」

その後、ドイツ代表にマヌエル・ノイアーが登場。守備範囲の広い「スイーパー・キーパー」と呼ばれ、2014年ブラジルW杯で母国の24年ぶり4度目の優勝に貢献した。10年近く前にすでにノイアーの出現を予想していたかのようだ。時代は常にオシムの後ろからついてきた。

この「オシムの先見性」は、どこから生まれてくるものなのか。

千田に質問すると「とにかくサッカーを観ることで養われた能力ではないか」と答えた。

「オシムさんが指導者を始めた1980年から90年代にかけてビデオテープが出回り始めました。デッキもテープもまだ高価でしたが、彼らはひとつの試合の映像を何回も何十回を観ています。当時の習慣みたいなものだったようです。それが近年の衛星テレビの時代になって、何十か国の試合を起きている限り観ているわけです」

それに加えて、オシムは欧州各国リーグの強豪クラブへトレーニングの視察訪問をしている。一番観に行ったのはバルセロナで、レアル・マドリードにも出かけて行った。

アーセナルには、アーセン・ベンゲルとの友情関係もあって訪ねた。フランスのストラスブール時代の後輩なのだ。オシムが30代のベテランで、ベンゲルがちょうどストラスブールのアマチュアチームからトップに抜てきされたころ、ともにプレーした。

逆の話もある。2013年まで27年間マンチェスター・ユナイテッドの監督を務め13度のリーグ優勝、2度の欧州チャンピオンズリーグ優勝に導いたアレックス・ファーガソンはオシムのサッカーから学びを得ていた。ファーガソンのアシスタントが「オシムが率いたユーゴスラビア代表のゲームビデオを何十回も見ていた」と証言している。

近年「サッカーの最強システム」と言われた「4－2－3－1」のシステムも、1990年W杯イタリア大会で旋風を巻き起こしたユーゴスラビア代表で採用していた。世界の潮流よりも20年早かった。

アンダーカテゴリー、いわゆる育成年代の指導にも深い理解と分析があった。オシムは10代のころ、サラエボのクラブで「鬼軍曹みたいな監督のもとでプレーをしていた」と千田に明かしたそうだ。

「最初に出会ったコーチは『選手は労働者なのだから働け』と言う人で、走らされてばっかりだった。その指導を自分が経験して嫌だったし、これでは強くならないと感じた。それでそのときは選手同士でいろいろ話をして、コンビネーションなど自分たちで考えた。その流れで指導者になってからも選手にそれを要求するようになった」

つまり、監督を反面教師にしたのだ。

鬼軍曹的なトレーニングはオシムが日本にいたころ、高校サッカーなどでまだ実際に行われていた。練習が終わった後に10キロ走らせたり、長時間練習をさせたりと、その指導方法は旧態依然のままだった。そのような指導環境もあって、日本人に主体性や自ら考える力が育っていないことを見抜いていた。

ある試合で選手がゴールを決めたら、オシムはそれを称えつつコーチたちのほうを向いてこう言った。

「昔は選手がボールを持ってゴールキーパーと一対一になると、そこでベンチを見てシュートしていいかどうかを聞いてきたもんだ」

つまり、以前は自分で判断できなかったが、最近はベンチの指示なしにシュートを決められると伝えた。裏を返せば、日本の育成環境へのアイロニーである。

もうひとつ付け加えると、オシムは「トレーナー」という肩書を嫌った。欧州では監督のことをトレーナーと呼ぶが、別の意味は「調教師」である。

「私は選手たちを調教しているわけじゃない。コーチは調教師ではないのだ。英語で言うところの『フットボールティーチャー』になりたい。そう呼ばれたいんだ」

育成にも一家言

このフットボールティーチャーは、若い選手の伸びしろを大切にした。

U－20日本代表がアジア大会で優勝し、監督を務めた城福浩（現・東京ヴェルディ監督）がA代表監督であるオシムに報告に来た日のことだ。

「若い世代はね、勝つことが最終目的じゃないんだよ」

オシムはそのひと言だけ伝えた。

「日本の育成年代は、『今うまい選手』をピックアップしてるから駄目なんだよ」

「育成段階の選手が将来伸びるかどうかを見極める目が重要だ」

育成にも一家言持っていた。

「俺はやれないから、知り合いのクロアチア人で育成を何十年もやってるヤツがいるぞ。紹介しようか?」と協会側に伝えたが、呼ぶまでには至らなかった。それくらい、日本の育成に変革を求めていたのだ。

選手にも主体性を要求した。選手が試合時の守備の修正について尋ねると、こう答えた。

「君達が一番相手の近くにいるんだから、その対応は自分たちで考えろ。自分たちでするのが一番早い」

言わずもがなだが、サッカーピッチは広く、日本代表の試合となれば5万人を超える観衆が詰めかける。よって、ベンチのアドバイスなど聞こえない。せいぜい試合中に叫ぶのは選手の名前のみだ。巻、阿部、羽生。2音節の名前の選手は呼びやすかった。中村俊輔は「シュンスケ」も「ナカムラ」も呼びにくかったので「セルティックボーイ」だった。

代表の選手たちは名前しか呼ばれないのに、そのときの場面やタイミングで自分が何をしなくてはならないかを瞬時に把握したという。千田は「当然ではありますが、それがわ

「中村俊輔」は苗字も名前も呼びにくかったので「セルティックボーイ」と呼ばれていた

かるように準備段階でトレーニングしているからです」と少し誇らしげにうなずいた。

「サッカーは『タイム（一旦休止）』がないスポーツだ。だから、選手が自分で考えなきゃいけない」

オシムはわずか1年半の就任期間で、日本のサッカーに多くの種を落としてくれた。当時日刊スポーツ新聞東京本社記者でジェフ、オシムジャパンと取材を続けた塩畑大輔は、代表の大会遠征である選手に「オシムさんって、めっちゃ凄い人なんですよ！」と呼び止められた。何々？　と近づいたら、丸々1時間、彼の「オシム愛」を熱く語られた。

「その選手は先発組ではなかったのに、腐るどころか合宿がむちゃくちゃ楽しいと言う。全員がオシムさんを慕っていたし、オシムサッカーに魅せられていた。それはこの人についていけば自分は伸びるという確かな手応えがあったからだと思います」

これについて、千田も「招集された選手はみんな苦労しつつも楽しそうだった」と同意する。

「オシムさんはチームを試すというか、人を試すというか。ちょっとやってみるか、やらせてみるかっていう懐の深さがあった。選手にも、コーチにも、もっと言えば記者に対しても、その人たちが自分で気づいて成長していくことをこころから望んでいました」

オシムは選手一人ひとりの「考える力」を信じていたのだと思う。信用できなければ、動き方や決まりをつくって干渉しただろう。短期間で結果を出そうとするならそのほうが速い。だが、それをしなかった。

常に選手が考えざるを得ない状況や環境をつくり出し、自由を与えて、彼らの頭脳を鍛えた。選手はもちろんのこと、オシムジャパンにかかわる人たちが、自ら考え、走り、成長したのだ。

「あのときのオシムさんのサッカーは、本当に面白かったですよ」

千田は、楽しかった時間を慈しむように何度もうなずいた。

千田善（ちだ・ぜん）

1958年、岩手県生まれ。国際ジャーナリスト、通訳・翻訳者（セルビア・クロアチア語など）。旧ユーゴスラビア（現・セルビア）ベオグラード大学政治学部大学院中退。紛争取材など、のべ10年の旧ユーゴスラビア生活後、外務省研修所、一橋大学、中央大学、放送大学などの講師を経て、オシムの日本代表監督就任にともない、日本サッカー協会アドバイザー退任まで専任通訳を務めた。現在、立教大学講師（スポーツジャーナリズム）。著書に『オシムの伝言』（みすず書房）『オシムの戦術』（中央公論新社）など。

IVICA OSIM'S LEGACY

第9章

繋ぐ

――吉村雅文

「やるかやらないかは、おまえが決めろ」

走らないと解決できない

ここまでは、オシムと同じチームにいた人たちが受け取った遺産《レガシー》を記した。ジェフや日本代表でともに過ごした人たちだ。

一方で、チームの外にも、オシムにもらった言葉を胸に折りたたみ、大きな影響を受けた人たちがいる。

そのひとりが、順天堂大学サッカー部元監督の吉村雅文だ。監督時代は100人超の部員を50人まで減らし学生一人ひとりの人生と向き合った。2022年までスポーツ健康科学部長などを歴任し、23年はJFLで戦うクリアソン新宿アカデミーのヘッドオブコーチングを担っている。そんな吉村は順大監督時代にオシム率いるジェフの対戦相手を度々務めた。勇人や羽生らが「地獄のトレーニングマッチ」と評したものだ。

オシムがジェフに来たばかりの5月。祖母井から要請を受けた吉村は姉ヶ崎に選手を連れて飛んで行った。オランダでコーチ留学の経験があったこともあり、オシムの偉大さを重々理解していた。初対面に胸が高鳴った。

「うちは7人でOKか?」

握手を交わして早々に、そう言われた。ジョークかと思ったが、通訳の間瀬は笑ってもいない。ジェフはフィールドプレーヤー7人でやりたいと言う。つまりゴールキーパーを入れると8対11になる。

「そんなの、僕が断れるわけがないでしょう?」

順大は3人少ないジェフに6ゴール見舞われる。終始押し込まれ続ける衝撃の展開だった。吉村はインタビューのテーブルで、私が手土産に渡した本をピッチに見立てて説明し始めた。

「これをコートとしますよね。ゴールがあって、こっちに攻めているときにジェフはここに一回ボールを預けるんですよ」と、ハーフウェイラインの両サイドを指し示す。

「そうやってサイドに預けてからの走り方が、もう半端じゃないんですよ。なんて言うんだろう。人が地面から湧き出て来るような。ここのボールを追い越して、どんどん(前線に)上がって来るんです」

ちょうど20年前のことなのに、まるで昨日試合をやったかのように生き生きと話してくれる。

「ジェフが10人に見えたんですよ。3人少ないのに、10人でサッカーやってるように見えた」

第9章

繋ぐ

「やるかやらないかは、おまえが決めろ」

――吉村雅文

人数が少ないことを一瞬忘れるくらい、厚みのある攻めっぷりだった。

「本当に衝撃的でした。あのときの山岸、阿部、巻、坂本、羽生、佐藤勇人。とにかく速かった。ひとつの局面だけじゃなくて、常に7人がチームとして機能している印象だった」

そのサッカーは、マンチェスター・シティのようだった。

「20年前に、オシムさんはシティのサッカーをやっておられたんだと思います」

オシムのインパクトは「7人」だけではない。

次にまた呼ばれた。今度は60分ハーフをリクエストされた。


「60分ハーフでいいか？　おまえのところは何人いてもいいぞ」


ジェフも交代させていたが、前後半で替える様子でほとんどの選手が60分出ずっぱり。それでも60分間走り切るのだ。相手をする学生たちに60分間継続して走る経験はない。まったく走れなかった。オシムから「順大は12人でやってくれ」と言われたこともある。つまり一人増やせと言うのだ。さすがにそれは断った。

だが、この走力の差は体力ではない。サッカーに対する理解度の差だったと吉村は今にして思う。昨今欧州から日本に入ってきつつある「コンスクチュアルスキル」の差だと言うのだ。サッカーにおけるコンスクチュアルスキルとは、選手がサッカーの原理原則を理解し、それをベースにして創造性を発揮する能力を指す。それを養う「コンスクチュアルトレーニング」を導入する指導者が増えている。

「この練習は、現実的にゲームと同じ文脈でトレーニングしていくことの重要性を理解することが求められます。これとほぼ同じ練習を、オシムさんはやられていたわけです。要するに、ゲームの流れをトレーニングの中で落とし込んでいかないとトレーニングの意味はないよね、という考え方です」

オシムはこのことを20年前にすでに感じて実践していた。そう考えただけで鳥肌が立つ。

「すべてのトレーニングをゲームに紐づけなきゃいけないわけです。これはもう小学生はもちろんのこと、幼児でも、です」

こう話す吉村は、育成や強化のヒントを得ようとジェフの練習見学に通い詰めた。練習試合の相手も務め、外部の人間としてはオシムジェフとの関係が濃い。このため、コーチやスタッフからオシムの言葉を伝え聞くことが頻繁にあった。

「走らないと解決できないよ。サッカーは走って改善するスポーツだろう」

「走る以外に何か方法があるのか？　急に上手くなるわけじゃない。周りの選手が走って解決してやるのがサッカーだろう」

吉村はこれらの言葉が印象深い。

「走るサッカーを、どうトレーニングに落とし込むのかを日本の指導者に求めていたと思う。ジェフの選手はただ走るだけじゃなくて、技術的にも高かった。そのうえ、すごく魂（スピリット）があった。サボる選手が誰もいないんです。チームとして機能するということは、個々が自分で考えているからですよね」

高校や大学でスターだった選手たちが息を上げながら、泥臭く、難解な練習を重ねて一皮むける。チームとしてひとつに束ねられていく様を吉村は見届けたのだった。

「お前は監督なんだからリクエストしろ。こんなトレーニングにしたい、うちはゴールを二つにするとか、7人にするとか、8人にするとか。俺はいつもリクエストしてるじゃないか」

ある日、練習試合の前にオシムから言われた。こんな要求は初めてだった。

一体なんなのか。仕方がないので「僕らはリクエストする分際じゃありません」と伝えると、オシムが言った。

「これだけ雨が降っている。選手にとってプラスになるかどうかわからない。試合をやるか、やらないか、おまえが決めろ」

なるほど外は大雨だった。ただし、すでに選手は到着していてバスの中で待たせている。しかも練習試合に呼んだのはジェフなのだが、そんな抗議めいたことが吉村の頭に浮かぶはずもない。謙虚に「いや、やりましょうよ」ととっさに言った。雨なのでスムーズに事が運ばないかもしれないので「ちょっと試合を長めにやりましょうか」と提案すると「それはダメだ」と拒否された。リクエストしろと言ったのに……。

その後、オシムはいったん部屋を離れスタッフと話をしたようで「やっぱり今日の試合は中止だ」と言いに来た。

「あのリクエストしろは何だったのかと今でも不思議です。オシムさんに試されていたのかもしれないですね」と頭をかいた。

結局、順大はオシムジェフと10試合を戦った。学生たちには「ジェフとの練習試合だけは何があっても行く。絶対に断らないからな」と申し渡した。とにかくいつ誘われるかわからない。明日来てくれるかと打診されることは一度や二度ではなかった。

「授業があろうが何しようが行くからなって。それ以上の勉強になるから。普段は絶対授業をサボるなと、学生には口酸っぱく言ってましたけど」

それほど大切にしたいトレーニングマッチだった。選手に経験させたい、見せたいという気持ちは無論だが、何より吉村自身がオシムのサッカーを見たかったのだ。

それと同じエナジーを持った人間はたくさんいた。練習試合をやろうと姉ヶ崎のグラウンドにバスを滑り込ませると、ジェフがどこかと試合をしていた。日にちを間違えたかと思ったら、その日2チーム目の対戦相手として招かれていて驚いたこともあった。吉村が懇意にしている東海大学監督の今川正浩も「うちも絶対行くようにしている」と話していた。

順大をはじめ、他大学、社会人チーム。すべてのチームが人数が少ないジェフに圧倒された。

「まずジェフのスピードを止めよう。とにかく全体的にコンパクトにして、縦を切って、自分らの守備の時間を作ろう」

吉村がアドバイスを送っても、どんどん剥がされた。

「結局走ってるからです。ボールが動いているだけなら対応できるのですが、人が走っている。走りながら解決してしまう」

あのときのジェフの試合を日本の指導者は見直したほうがいいと、吉村は真顔で言うのだった。

選手と学び合うことが「強化」に繋がる

オシムジェフに翻弄され激走させられた順大は、その翌々年の全日本大学サッカー選手権大会で準優勝に輝いた。吉村自身が手応えを得たのは、14年度関東大学サッカーリーグ戦で3位になったチームだという。流動的で前に出るときはシンプルに攻める。後ろの選手が前線の選手を追い越していくサッカーだった。

「オシムさんのサッカーを自分なりに咀嚼して、チームに落とし込んだ結果です。ボールを高い位置で奪えて走れるチームを作りたかった」

リーグ戦22試合で14失点。Jリーグのユース選手が軒並み集まる名門大学に一歩及ばなかったが、「順大のサッカーは見ていて面白い」とよく言われた。

「強化は教育だ」

ジェフに通っているときに聞いたオシムの言葉を、吉村はこう解釈した。

「自由にやることも発想力も大事だが、きちんと教育してこそ、自分の意図するプレーができるようになる。チームとしても成熟する」

強化とは、人よりたくさん練習することではなく、他より上手い選手を集めてくるわけでもない。チームで「教育し合える」つまり、学び合えることが重要なのだ。選手と指導者、もしくは選手同士、指導者同士で。それがチーム強化になる。

「オシムさんはそういう発想だったと思う。それをずっと学生にも伝えてきた」

日本学生選抜の選手を欧州遠征に連れて行ったときも、オシムの話を選手に伝え続けた。その中には、W杯カタール大会を戦った谷口彰悟（アル・ラーヤン／カタール）もいた。

そして、2023年から順大サッカー部監督に就任した島嵜佑にも。吉村がジェフに通い始め、インスパイアされたころ入学してきた教え子である。

部員160人を連れて合宿に出かける際、島嵜からのメールにはこう綴られていた。

「教育してきます！」

さらにいえば田中順也など日本代表クラスの選手も育てたが、吉村が順大でかかわった選手には指導者になった者が多い。昨年からサンフレッチェ広島のドイツ人監督ミヒャエル・スキッベの下、コーチ兼通訳を務める松尾喜文もそうだ。カタール大会でドイツ、スペインを破って16強入りを果たした日本代表コーチングスタッフには、吉村がオランダで半年間世話をした船越優蔵もいる。

このオランダで、吉村は自分の中にオシムの教えを吸収する土台をつくった。

吉村はある日、子どもが通うオランダのベーシックスクール（小学校）の参観に行った。子どもらは積極的に手を挙げていた。日本の学校にはない光景である。

「なぜみんな手を挙げるの？　日本ではあり得ない」

聞けば、教師は子どもたちにあらかじめこう話していた。

「先生の質問の意味がわかったら、みんな手を挙げるんだよ。その後誰に当てるかわからないけど、間違っても大丈夫だから。自分の意見を言って」

日本では「わかった人、手を挙げなさい」と促される。つまり日本の教師は答えを求めているのだ。そう考えると、私たちは海外の学校の授業風景をテレビで観て挙手が多いことを感心していた。だが、そもそも授業のスタートが異なるのだ。

吉村は「質問の意味がわかった人が挙手する」が欧州の教育のベーシックだと聞き衝撃を受けた。正解か、そうでないかを決めるだけの価値観で日本人は教育されてきた。主張しない子どもを言語力が足らないからだと私たちは考えがちだが、実はそうではないのだ。

「自分で表現するためには、まず自己決定することが習慣化されないとダメなんです。オシムさんはそれを選手に求めていましたよね。だから僕ら指導者は選手に答えを求めるのではなく、反応することが大事だと考えました」

「日本は監督の輸出国を目指すべきだし、選手より、監督に「海外組」が現れる方がよほど私はうれしい。日本サッカーが本物になった証しにもなる」


日本の指導者に向けたオシムのメッセージである。

「ボールを奪って素早く攻める、得点に繋げる。それをジェフや日本代表で具現化していた。これこそサッカーの原点だと思います」

小倉（勉）さんがオシムさんがやっていたのは「普遍への挑戦」だとおっしゃってましたよ——そう伝えたら、吉村は「小倉、やるなあ。いいこと言うなあ」とちょぴり悔しそうな顔でおどけた。

吉村の話はどれも、オシムの潮流が確かに日本のサッカーに生きていると感じさせるものだった。

最初で最後のウインク

インタビューの最後に、本書を刊行するに当たって不安に思っていることを吉村に伝えた。

例えば、オシムは選手に罰走をさせた。叱り飛ばした。そのような行為だけを見ると、日本で長らく問題になっている暴力的な指導者の姿と重なるところもある。オシムの場合はそれぞれに意味があり、しかも対象は成人したプロの選手である。子どもが対象ではないのに「オシムさんもやっていた」と隠れ蓑にされないかと懸念していた。

それに対し、吉村は「育成カテゴリーの指導者で、帰れとか、もう使わない（試合に起用しない）などと言ってしまう人たちは、そこに間違いなくご自分のエゴが入ってますね」と指摘する。

「目の前の子どもが自分を勝利を導けないと感じるから怒るのです。しかし、オシムさんには1％もエゴが入っていなかった。その差です。間瀬さんも、千田さんも、オシムさんのエゴではない伝え方をしていました」

残念ながら、少年サッカーの現場ではいまだに、試合でも練習でもパイプ椅子に足を組んで座って「おまえら何やってんだ！」と叫ぶ大人が存在する。彼らの中には利己的なものしかない。何の欲もない中で、子どもを思って叱っているわけではないのだ。

無論、大人も人間である。勝ちたいという欲が湧くこともあるだろう。だが、指導者はそのエゴと戦わなくてはいけない。中には「勝つことで自信がつくのだから、大人は勝たせてあげなくてはいけない」といった理屈も聞く。それを許してしまえば、過度に干渉し、指示命令を繰り出すことになる。

「そもそも選手に伝わります。このコーチは、純粋に自分たちを伸ばすために発言しているのか、もしくは自分が勝ちたいだけなのか。子どもは見破ります」

吉村は、過去日本で出版されたオシムの自著や関連本をほとんど読んでいる。

「本を読むと、選手のモチベーションを高める力の高さに驚かされます。叱り方、褒め方、認め方。すべて素晴らしい。その対岸にいるダメな指導者は、ただ選手を萎縮させるだけ。怖い顔をして怒鳴って、私は厳しいですからと言うけれど、そこにモチベーションは生まれません」

オシムの言葉には、モチベーションを高める力があった。それは、ペップ・グラウディオラやユルゲン・クロップと通底している。

「僕も100％モチベーションに繋がる言葉しか出しません。どんな大きな失敗があろうが、まず褒めたり認めたりします。例えば。今のプレー、悪くないよ。ただ、ここでミスになるのはなぜか考えようか。次はそこにトライしたら完璧やね。みたいな言い方をします。そう、佐伯さんの本に出ていたサンドイッチ話法ね。目からウロコでした」

スペインで育成に定評があるビジャレアルに在籍する佐伯夕利子の著書『教えないスキル ビジャレアルに学ぶ7つの人材育成術』を引き合いに出して語った。

「今でもオシムさんのサッカーは色褪せない。今までも、これからもね。僕は新しいものを取り入れながらオシムさんを学び続け、その学びを指導者育成に繋ぎたいと思います」

と唇を結んだ。

サッカーグラウンドに行くとかなりの確率で緑色のネットがある。ネット越しにボールを追いかける選手を見ていると、オシムを思い出す。

午前の練習を観に行ったある日のこと。至近距離に姿が見えた。いつもより近くにいるぞと思った瞬間、オシムがくるりとからだを吉村に向けた。人差し指を立てた手を振りながら、ウインクをしてくれた。

ベンチに座っていた吉村は慌てて立ち上がり、お辞儀をした。ウインクを返す余裕は、もちろんなかった。

「やるか、やらないか、おまえが決めろ」

オシムの言葉が、今日も空から降って来る。
自分が決める。それを子どもたちに伝えたいと思っている。

吉村雅文（よしむら・まさふみ）
1960年、大阪府生まれ。順天堂大学大学院スポーツ健康科学研究科教授。順天堂大学卒業後、母校・順天堂大学、同志社大学サッカー部のコーチを務め、2001年より順天堂大学の監督に就任。2011〜2013年にはユニバーシアード日本代表監督を務める。また2023年シーズンより、JFLクリアソン新宿アカデミーのヘッドオブコーチングに就任。

IVICA OSIM'S LEGACY

第10章

証明

――夏原隆之

「レーニンは『勉強して、勉強して、勉強しろ』と言った。私は選手に『走って、走って、走れ』と言っている」

オシムの練習で上達を実感

創部したばかりの新潟医療福祉大学サッカー部1年生だった夏原隆之は、練習が嫌でたまらなかった。朝9時からの授業が1限、2限、3限目と続き、3限が14時半に終わると、部員全員でバスに乗り30分かけてアルビレックス新潟の練習場へ移動する。1学年だけなのでわずか13人で活動した。アルビレックス新潟ユース出身の選手や新潟県代表として高校サッカー選手権大会に出場した選手はいたものの、ほとんどが無名の選手ばかりだ。兵庫県からやってきた夏原も、何の実績もない選手だった。

「授業が終わったら、また練習だよな。また今日もいっぱい走るんだよなと思うんですね。練習が始まる前から憂鬱でした。グラウンドに立つと靴紐も結びたくないくらいでしたね」

オシムがジェフで3年目を迎えた2005年春のことだ。その年、ジェフから新潟へ指導する場を移したのが、サッカー部初代監督の秋山隆之だった。ジェフの育成普及部などでコーチを務めた秋山は「新天地でオシムさんのトレーニングで（選手を）育てたいと思っていました」と振り返る。夏原については「サッカーの能力が高いわけではないが、すごく一生懸命やる子だった。うちの大学の中では学力が抜きん出てもいたので、理解が早かった」と評価していた。

秋山から考えながら走ることを常に求め続けられるため、靴紐を結びたくないのは夏原だけではなかった。

「授業から練習モードに切り替えられず、重苦しい雰囲気で（練習に）入ってくることもありました。こころとからだの両方でいい準備ができていなかったと思います。輪をかけて、練習が複雑で理解も追いつかないから、全然走れないし、何でもないところでミスしてしまうのです」（夏原）。

多色ビブスを使った高度な練習なのだから無理もない。ミスすると即座に秋山から「集まろう」の声がかかる。

「試合開始1分でこのミスをしたらどうなるの？　ゴール前に戻るよな？」と秋山に言われ、「はい」と返事をする。次に「自分たちがボールを奪い返したら次どうするの？」と問われ「いや、もちろん攻めます」と答える。どうやって？　もちろん走って、だ。

「だったら、体力要るよね？」

秋山の言葉にうなずくしかなかった。走る意味を体中で理解した夏原たちは、徐々に進化を見せる。最初は10分前にグランドに来ていたのが、15分前になり、卒業間際には1時間前に来るようになった。練習になった瞬間フルスロットルでいけるようなウォーミングアップに変わっていった。加えて「どう走ればよいか」が徐々に腹落ちすると、夏原も他の選手も自ら走るようになった。

「それに相手よりも走れると有利だとわかったんです。そうすると必然的に練習でも走るようになって。走ったら勝てるし、秋山先生の言う通りやったらいけるぞ、となった。おそらくですが、ジェフの選手たちが経験したものと似たような感覚だったんだと思いますね」

選手の行動変化はまさしくジェフと同じだった。ジェフはオシム就任以来、後半の得点が何倍にも増えたが、夏原も「1年目のときから後半に点を取ることがすごく多かったような気がする」という。後半の終盤、前半からのジャブが効いて相手の足が止まるラスト15分前後にゴールする。自分たちで「医療福祉タイム」と呼んでいた。

2年生から北信越大学リーグ1部に昇格。4年時に1部で初のリーグ優勝を果たし、全日本大学選手権（インカレ）に出場した。何のベースもない18歳の若者たちがオシムのトレーニングを始めて、結果を出したのだ。夏原は「自分の中ではすごく上手くなった実感があった。小学校2年生からやってたのに、大学でようやく頭を使ってサッカーやってるなっていう感覚でした」と率直に語る。

「今までの僕は何だったんだろう?と思いましたね。自分のサッカーを全否定されたというか、これがサッカーなんだって教えてもらった。と同時に、これをもし小学生とか、遅くとも中学生のときにやったらどうなるのかな？と考えながら練習していました」

当時から指導者の道を思い描いていたため、練習メニューやアドバイスを日々細かくメモし続けた。秋山から練習中「どこにスペースがあるの？」「どこ見てた？」と逐一問いかけられた。最初こそ「早く味方を見つけなきゃ」と焦ってミスを重ねたが、少しずつサッカーのメカニズムがわかってきた。

「レーニンは『勉強して、勉強して、勉強しろ』と言った。私は選手に『走って、走って、走れ』と言っている」

オシムのこの言葉を夏原は噛みしめ、サッカーに食らいついた。第3章で小倉が語った「普遍への挑戦」の荒波にもまれていたわけだ。相手が来たら誰が空くのか。どこにスペースが生まれるのか。2年生、3年生と学年が進むにつれサッカーへの理解が進むと、言いようのない悔しさが込み上げた。

「こういうトレーニングを（指導者に）早くやってもらえたら、僕はもっと上手くなったのに、って」

そうやって、部内に靴紐を結びたくない者は誰ひとりいなくなった。夏原に、オシムのトレーニングや指導論が浸透した時代が形成されたとしたら？　と問うと、「可能なら、もう一度生まれ変わりたいですよ」と肩をすぼめた。

オシムのリーダーシップ研究

一方、教えた側の秋山も、オシムの指導論に確かな手応えを感じていた。

「オシムさんの指導が何の解釈もされていない段階で葬り去られるのではないかと不安で」夏原に研究者の道を勧めた。

「君はオシムさんの練習をしている。今のところ、オシムさんの練習を経験したのはジェフと日本代表の選手と、新潟医療福祉大学の君たちだけだ。誰でもできるものじゃない。オシムさんの研究をして何らかのエビデンスを残しなさい」

夏原は新潟医療福祉大学大学院修士課程修了後、筑波大学大学院博士課程へ。博士課程を修了し、東京成徳大学応用心理学部の教員になった後も、秋山との交流は続いた。二人が話した研究対象は当初、多色ビブスを使った認知判断のトレーニングが挙がっていた。

この練習はプレーしながら、同時に何色ものビブスを見ないといけない。そこでプレー時の眼球運動にフォーカスして実験をした。

選手に視線の向きや動きを測る機械をつけてプレーしてもらうと、力が上とされている集団のほうが明らかに相手の動きを見ていた。ただし指導者が「よく見ろ」などと命じてもできるようにはならない。さらに言えば、相手を見ていて視覚情報は入っていても、認知判断できないこともあった。つまり、サッカーの成り立ちに対する理解の乏しさもひとつの課題であることがわかった。認知判断のトレーニング効果については、筑波大学の教員らと共同で論文を残した。

前後してスペイン・バルセロナに飛び、現地で育成コーチをする日本人にアテンドしてもらってバルセロナＦＣユースの練習などを見せてもらった。当然のように認知判断に負荷をかけたトレーニングをしていた。

オシムのトレーニングの研究をしつつ、大学院でスポーツ心理学を専攻した夏原は２０２２年、秋山とともにリーダーシップの観点で新たなオシム研究を思いつく。

「オシムさんは、選手にどうアプローチすれば伸びるかを知っている。彼の中にやり方というか何らかの法則があると仮定しました。オシムさんのトレーニングには、ご本人がおっしゃったように選手の技術を伸ばすすべての要素が詰まっています。もっと言えば、メンタルも含めて詰まっているのです」

日本スポーツ心理学会が認定するスポーツメンタルトレーニング指導士のように、指導者や選手のメンタルをサポートする資格は日本にいくつかあるが、目標設定や緊張の緩和法など選手を対象にしたものが多い。

「スポーツメンタルトレーニング指導士として選手のメンタルをサポートすることは、とても大切なことですが、コーチへのサポートも同じくらい重要だと考えました。そうすればコーチから選手へ適切にアプローチできます。佐伯（夕利子）さんがいらっしゃるスペインのビジャレアルもそうだと思います」

そこを考えたとき、あれだけのインパクトをもってイノベーションを起こしたオシムのリーダーシップは「日本サッカーはもちろん日本のスポーツ界にとっても大きな財産なんです」と夏原。そこで、本書でも伝えた佐藤勇人と、23年からジェフのトップチームでヘッドコーチを務める坂本將貴をインタビューした。坂本はオシム体制の3年半で欠場したリーグ戦は出場停止の1試合のみ。指揮官から絶大な信頼を得ていた。まずはこの2選手から見たオシムのコーチングを、事例研究というかたちで分析した。

「プロフェッショナルフットボールコーチ　イビチャ・オシムのリーダーシップ行動における定性的事例研究」

このような研究題目で、23年5月にオランダ・フローニンゲンで開催される国際フットボール科学会議（World Congress of Science and Football；WCSF）で発表する。サッカーの進化と学術研究にかかわる世界中の人たちが集う場で、夏原の発表は大いに注目されるに違いない。プレーヤーとしてオシムの指導論を経験し尚且つ研究する、唯一無二の存在なのだから。

この貴重な論文の内容は、発表前でもあるためアブストラクト（抄録）のみを伝えさせてもらう。

専門的な調査分析によって解明された、オシムがコーチとして行った行動の演繹的（えんえき）（三段論法に類似したもの）分類では「知的刺激」「高いパフォーマンスへの期待」「刺激的な動機づけ」「集団目標の受容の促進に関するコメント」が多く得られた。

例えば、刺激的な動機づけに関していえば、オシムは優勝や順位といった明確なビジョンではなく「危険なチーム」という刺激的で暗黙的なビジョンを示していた。また高いパフォーマンスへの期待及び集団目標の受容促進（チームの意思統一）という点で、オシムはゴールを決めるといった勝利に直結するプレーよりも、リスクを冒してチャレンジしたか、チームのために献身的にプレーしたかを重視していた。

さらに、知的刺激に関しては、選手に対し自律的に行動することで初めて成長できることと。そのためには既存のルールに縛られず、自らの責任感に導かれた「適切な逸脱」が必要であることを表明していた。

──夏原隆之

第　10　章

証明

「レーニンは『勉強して、勉強して、勉強しろ』と言った。

夏原が一心不乱に書き上げたであろう抄録にあった、この「適切な逸脱」という言葉に思わず顔がにんまりしてしまう。1対1をしろと言ったのに「仲間が困っているのになぜ助けないのだ！」と顔を真っ赤にして怒るオシムが頭に浮かんだからだ。逸脱への攻撃は子どもを萎縮させる。グリッドからはみ出す子どもを笑顔で見守る大人が増えることをオシムも望んでいたに違いない。それゆえ祖母井を「おまえは日本人じゃない」と褒めたのだ。

夏原は今後、さらにオシム研究を重ねて、指導者を対象にしたリーダーシッププログラムを構築し提供していきたいという。子どもたちの逸脱が「適切に近づく」発露であることを理解してもらうため働く。学びという水を運ぶ人になるのだ。

「褒める、叱るといった画一的な対応ではなく、子どもや選手たちに自分がやっていることに責任を持たせる。それが本当の厳しさだと指導者の方たちに理解してもらわなくてはいけません。その過程で、オシムさんの指導論をうまく使えば皆さんのコーチングはもっとよくなりますよと伝えたい」

指導力がアップすれば、暴力や暴言といった日本に蔓延るパワハラ指導の緩和にもなる。オシムが提唱した「サッカーの日本化」にリーダーシップという側面からアプローチできると考える。

「少しずつブラッシュアップして、日本はこうだよね、みたいなものができ上がれば面白いと思います。サッカーだけじゃなく、日本のスポーツでオシムさんを活かす道を模索していきたい」と自らに言い聞かせるように話した。

夏原隆之（なつはら・たかゆき）
1986年、兵庫県生まれ。筑波大学大学院（コーチング学専攻）修了。博士（コーチング学）。専門領域は、スポーツ心理学、コーチング学。東京成徳大学 応用心理学部 健康・スポーツ心理学科 准教授。日本スポーツ心理学会公認スポーツメンタルトレーニング指導士。（公財）日本スポーツ協会コーチデベロッパー。認知能力評価や視線計測などを用いてサッカー選手の状況判断メカニズムの解明に関する研究に取り組み、日本フットボール学会の学会奨励賞や日本スポーツ心理学会優秀論文奨励賞などを受賞。

第 10 章

証明

——夏原隆之

「レーニンは『勉強して、勉強して、勉強しろ』と言った。
私は選手に『走って、走って、走れ』と言っている」

IVICA OSIM'S LEGACY

第11章

昇華

──

森田太郎

「作った人間なら、
それを変えることもできる」

オシムが子どもたちに話したこと

今でもくっきり思い描ける。新幹線のドアから、のっそりとホームに降り立った姿を。

森田太郎は、オシムが日本代表監督だった2007年8月、群馬県利根郡昭和村での講演に招いた。集めた参加費をボスニア・ヘルツェゴビナに全額寄付すると言ったら快諾してくれたが「(電車の) チケットだけ持って来い。ひとりで行く」と言って聞かない。なにしろアジアカップ準決勝でサウジアラビアに惜敗し、3位決定戦で韓国に敗北して数日後である。メディアからのバッシングやネガティブな反応がまだくすぶっていた。

千葉の舞浜駅から群馬の上毛高原駅までJRと新幹線を乗り継いで2時間もある。そう考えると、森田は「ファンに囲まれるのではないか。何かあったらどうしよう」と気が気でなかった。渦中の日本代表監督が、たったひとりで長時間電車に揺られるなど想像がつかなかった。

森田は大学在学中だった2000年、サッカーによるボスニアの民族融和を図る「サラエヴォ・フットボール・プロジェクト」代表となり、現地で少年・少女のサッカークラブ「クリロ (翼)」を立ち上げた。ボスニア・ヘルツェゴビナを構成する主要3民族であるボシュニャック人 (イスラム教徒)、セルビア人 (正教徒)、クロアチア人 (カトリック教徒)

の子どもたちを集めてサッカーで交流を図った。紛争後の激しい民族対立のさなか、民族も宗教も異なる民族の居住地域を車で行き来し、サッカーを通じた民族融和に尽力した人物である。現地の子どもたちにサッカーを教えるため、サッカー経験者でもないのにボスニアでUEFAライセンスまで取得している。

周囲の心配をよそに、オシムはやって来た。千年の森スポーツセンターJ-Wingsに集まった200人を超える子どもたちに、講演会前に話をしてくれるという。ゆっさゆっさと大きな体を揺らして歩いてきたオシムに「うわーっ、オシムさんだ！」と皆歓声を上げた。

「まさか日本代表監督が、縁もゆかりもないこの村に本当にやって来ると思わなかったのでしょう。よくひとりで来たなあと感激しました」（森田）。

子どもたちの質問に答えるという形で始まった「オシムのお話会」は、衝撃的な回答からスタートした。

「リフティング練習でコーチに100回リフティングをやれって言われています。どうしたら、うまくなりますか？」

オシムは即答した。

「今すぐ、その練習をやめなさい」

子どもたちの質問にユーモアを交えて話すオシム。グラウンドで見せる顔とは違った一面を見せた

晴れた空の下、なごやかだった空気が一瞬にして凍り付いた。質問した子どもは「え？な、何でですか？」と目を丸くしている。

「では、聞こう。試合中にリフティングをしている選手を見たことがありますか？試合中に100回リフティングをする選手がいますか？　いませんよね。無駄な練習は、今すぐやめましょう。そんなことをする暇があったら、もっと違うことをやりなさい」

子どもたちの後ろで囲むように立っていたコーチたちは、目を白黒させていた。なぜなら、まったく真逆のことを子どもたちに伝えていたからだ。当時はまだ日本のそこここで地域選抜のセレクションなどを実施する際、リフティング回数を基準にする文化が残っていた。

対する子どもたちは、本音で気取らずユーモアを交えて話すオシムを、目をキラキラさせて見つめていた。

その後にホール内で行われた講演会も、オシム流で始まった。気心の知れた森田が「僕のほうで質問を作ってきたので、それに答えてください」と頼むと、ムッとした顔で首を横に振った。

「なぜおまえが質問するんだ？　講演会に来てくれた人たちが俺に聞きたいことを聞かせればいいじゃないか」

そのことは百も承知だったが、優勝できなかったアジアカップが終わったばかりである。きっと「なぜあのときにああいう采配をしたのか？」という質問になる懸念が森田にはあった。本来もっと幅広く知りたいことがある人はつまらないのではないか——そう意見した。

「そんなことはない。彼らに質問してもらえばいいんだ。とにかく、おまえの仕事はひとつだけ。マイクを持って走ることだ」

会場には300人ほど、今度は大人が詰めかけてくれた。オシムに言われたとおりに会場から質問を求めると、案の定、アジアカップに関するものが3回続いた。

オシムは渋い顔で「おまえが用意した質問は何だ？」と小声で話しかけてきた。そこで「日本のサッカーを実際見てこれから子どもたちを育てるなかで何が必要なのかとか、今のサッカー選手たちに大切にしてほしいことなどに答えてはどうか」と提案すると、「それ、いいな。それを質問の間に挟め」とうなずいた。森田が質問をすると、オシムは自立させ自由を与える必要性などを話し始めた。

すると、会場の興味もアジアカップからそちらのほうへ転換し、教育的な質問が次々出始めた。すっかり上機嫌になったオシムは、すり鉢状の会場でマイクを持って走り回る森田を指さして言った。

「よく走る選手っていうのはね、今のタロウのことを言うんだよ」

会場がどっと沸き、オシムは満足そうに微笑んだ。

関係者が料亭に連れてこうとしたら丁重に断り「近くでいい」と言う。そこで日帰り温泉施設の中にある食堂へ。畳の上にどっかり腰を下ろしたオシムは、枝豆をつまみにお茶を飲みながら、雑誌や新聞には出ていない貴重な話をたくさんしてくれた。

「大人も子どもも関係なくみんなリスペクトして扱う。同じ目線で話してあげるすごい人。それが自分の中では一番の学びですね」（森田）

村の人の話をニコニコしながら聞き、地元の議員も、お父さんコーチも、誰に対しても

第11章

昇華

「作った人間なら、それを変えることもできる」

――森田太郎

平等に同じ態度で向き合う。聞かれたことは丁寧に答え、自分の感想も伝える。その話題に合った、興味を持ってもらえる自分のエピソードを膨大な引出しから引っ張って来るのだ。

あの夏、昭和村の人たちが特産品のブルーベリーをたくさん持ってくると、オシムは「美味い！　こんな大きい実が獲れるのか」と感心しきりだった。フランスのストラスブールで選手時代に視力が良くなるからとたくさん食べさせられたが「これよりも味が劣る。しかも、目は良くならなかった」と言って笑わせた。

「アジアカップの後で疲れていたのに、たくさんの人をひとつにまとめる力を見せてもらった。すごいなと思いました」と森田は述懐する。

昭和村の子どものサッカークラブに「ＦＣクリロ」と名付けてもくれた。そして、名残惜しそうに「チャオ」と手を振って新幹線の中に消えた。オシムにとって束の間の休日だった。

オシムのギフト

このように、森田はピッチの外で見せるオシムの顔をよく知る日本人のひとりだ。前述した講演会の前年には、ボスニアの子どもたちが紛争後初めて来日し、日本や他の国の子どもたちとサッカー大会に参加する国際交流をアテンドした。大会やイベントが終わり、翌日は都内で最後の観光を楽しむことになっていた。

オシムから「子どもたちは明日、どういう予定になっているのだ?」と尋ねられたので、浅草観光などをする旨を伝えた。夏休みだったので船に乗せる計画だった。

「何が楽しいんだよ? 子どもに浅草は楽しくないだろう。子どもが船に乗って景色を見て何が楽しいのだ? 子どもはディズニーランドが楽しいに決まってる」

もっともだ。しかし、予算というものがある。子どもたちと、ボスニアと日本の両国のスタッフを入れるとチケットは40枚ほど必要になる。そのうえ乗り物も昼食をとる店もすべて予約済みだ。

「俺が全部のチケットを買ってあげるから、ディズニーランドに連れて行ってあげてほしい」

森田は頭を抱えた。

「いやいや難しいです。すでに予定が組まれていて、移動のバスなど全部このルートで予約しちゃってますから」と抵抗すると、ぎろっと睨みつけ問いかけてきた。

「スケジュールを作ったのは誰だ?」

いや、僕たちです。

「じゃあ、作った人間なのだから、変えることもできるよな」

確かにそうだろう。AよりBがベターだと気づいたのなら、すぐさまBを採用しろ。転換する勇気を持てというわけだ。

もう、動くしかなかった。たまたまその場にいた当時市原市長だった佐久間隆義らも手を差し伸べてくれ、翌日の予定は東京ディズニーランドへと大幅変更された。

「諸々変更作業は大変でした。でも、子どもたちが本当に楽しそうにしているのを見て、オシムさんのお陰だなと思いました。戦時中に生まれた彼らはディズニーのようなキラキラした世界を知らないわけです。あの人（オシム）にギフトをもらったなと思いました」

後日、電話で「子どもたちはすごく幸せそうだった」と報告すると「当たり前だ。少し考えればすぐわかることだろう」と言われた。

「オシムさんは、出会った一人ひとりにちゃんと責任をとる。みんなに何らかのギフトを贈る、残す人なんです。めっちゃ人を大事にしますから」

病に倒れ代表監督を辞任した後。日本の病院でリハビリ中に会ったとき。オーストリア・グラーツにある自宅で会ったとき。オシムは必ず森田に「そういえば、あいつは今どうしてるんだ？」と質問した。ジェフの選手やスタッフ、他クラブの日本代表選手、スタッフ、スタッフに子どもがいればその子ども。頭に浮かべば「勇人はどこにいるんだ？ 羽生は？ 巻は何をしている？」と聞いてきた。

特に森田が驚いたのは、ジェフ時代に他クラブへ放出されたり、自由契約になった選手の名前を口にすることだった。解雇されたスタッフのことも気にかけていた。

「あいつ大丈夫かって常に気にかけていました」

優しさというひと言では表せない。出会った人たちに成長や喜びを授けたい人なのだ。それも分け隔てなく。人種とか、派閥とか、損得のような世俗を超越した人としての器を、森田は全身で感じてきた。両親も妻も子も連れてオシムに会いに行った。日本の息子のような家族ぐるみの付き合いだった。

森田は東京都の公立小学校に勤務した後、学びの芽を育てる塾「探究学舎」（東京都三鷹市）講師になった。教育現場はもちろん、ラグビー審判のライセンスを取得するなどスポーツの現場でも活躍する。

「オシムさんには、言葉では表せないたくさんのことを学びました。自分の中にオシムさんは生きていると思っています」

人を尊ぶこと、大事にすること、良いと思ったことへ転換する勇気、リスクを冒すこと。さまざまな学びを胸にしまって生きる。

「亡くなったとき、しばらく立ち直れませんでした。でもオシムさんの葬儀を見たとき、何もしないでボーっと立ち止まってたら『走れ！』って絶対言われるなと思って。奮い立ちました」

「立ち止まるな。考えながら走れ」

果てしない空から、私たち日本人に声をかけている。

森田太郎（もりた・たろう）
1977年、東京都生まれ。静岡県立大学で国際政治とロシア語を学び、99年よりボスニア・ヘルツェゴビナにたびたび渡航し、サッカーによる民族融和を目指した論文で『秋野豊賞』を受賞。『サラエヴォ・フットボール・プロジェクト』代表となり、現地に民族融和を目的とした少年サッカークラブ『クリロ（翼）』を立ち上げる。その取り組みは、朝日新聞の連載「人」など多くのメディアで報じられた。東京都小学校教諭として13年勤務（退職時は主幹教諭）した後、2019年4月より探究学舎講師に。著書に『サッカーが越えた民族の壁――サラエヴォに灯る希望の光』（明石書店）。

第11章

昇華

「作った人間なら、それを変えることもできる」

――森田太郎

脳細胞をかき回されて

オシムの日本への初来日は1964年東京五輪出場で、次の来日は2002年日韓W杯。戦術傾向などを分析するFIFAのテクニカル・スタディー・グループ（TSG）のメンバーとして札幌と仙台会場をカバーした。

TSGスタッフとしてオシムをアテンドしたのは、福岡大学サッカー部監督の乾真寛だ。永井謙佑、坪井慶介など日本代表選手を育てている。札幌ドーム最初の予選ラウンドとなったイングランド対アルゼンチン戦前のミーティングで、まずはオシムの挨拶に仰天した。

「皆さん、サッカーはスタッツではありません」

地元の教員を中心に編集されたスタッツを手作業でさばくスタッフは、口をあんぐり開けたままだ。

「スタッツはあくまで統計的に取られる数字です。サッカーの勝ち負け（の要素）は、数字で表されるようなものではない。100回に1回いったら、その1回が勝負を決める場合もある。あなたたちは今回こうやってワールドカップで集められた。でも、サッカーの指導者でしょう？　サッカーは攻撃しているとき、守備をしているとき、選手は変化して動く。その変化を見ることです。統計に出てこないものをしっかり見なさい」

データは間違いなく取ってくれ、などというありがちな話ではないのだ。乾は「これからスタッツをやるぞと意気込む人たちに、サッカーはデータでは測れないというわけです。最初のうちはこの人何言ってんだと思った」

しかし、徐々に乾も他スタッフもオシムを見る目が違ってきた。対戦する2チームの先発メンバーの名前を磁石に書かせ、ボードに並べさせた。

「このゲームがどうなるか？　はい、シミュレーションしなさい」

乾らに尋ねた後、自身の見解を述べる。このシーンは多分こういうアタックをする。だからここがポイントだ――その後試合が始まると、すべてオシムのゲームリーディン通りになった。

一緒に試合を観ていたハーフタイム、乾にいきなり指令が飛んだ。

「おい、アルゼンチンのベンチに行け。〇番（の選手）はもう交代だと言ってこい」

中立の立場で見ているはずなのに、目線がどちらかの国の監督と同じになってしまうのだ。まさか言いに行くわけにもいかないので、乾がモジモジしていると、数分後にその選手は実際ベンチに下がった。すると、オシムは「遅い、遅い」と顔をしかめるのだった。マン・オブ・ザ・マッチを選ぶのもTSGの役目だったが、オシムはゴールに絡んだ選手は一切選ばなかった。

「今日の試合は、相手の力を、出させないことが最も重要だった。そのために、働いたのは誰なんだ？　この選手が、相手の一番大事な選手に力を出させていない。この選手がいないと成立していないゲームプランなのだ」

イングランド対アルゼンチンは因縁の対決だった。98年フランス大会決勝トーナメント1回戦で激突し、シメオネに倒されたベッカムが報復しあえなく退場。そんな4年前の屈辱を晴らすかのように、ベッカムがPKを沈め優勝候補だったアルゼンチンを1－0で退けた。

そんな大勝負をオシムの横で観た乾は「考えに考え抜いて、ここからは試合の流れであとはしょうがない、ではなく、オシムさんは全部が計算の中に入っている」と感じたという。乾は当時43歳。S級も取得しすでに指導者を育成する役目を担っていた。

「自分なりにサッカーをわかっていたつもりがすべて覆されました。オシムさんと一緒にサッカーを観て、語っている間に脳細胞がぐちゃぐちゃにかき回された。サッカーっていうものの見方とか、サッカーを指導することなど、何かおおもとのところが全部塗り替えられちゃった感じだった。今思えば宝物のような時間でした」

翌年ジェフの監督になったオシムとは度々会い、学びを得た。

「選手の一面だけを見るなと教わった。後の指導に役立ちました」

この日韓W杯を経て、粘りに粘った祖母井のおかげで「1年だけだぞ」と言って日本に来てくれた。外国人監督は自分の指導を補助するコーチらを自国から連れてくることが多いが、オシムはたったひとりだった。

それから約5年。代表監督に打診されたとき。ジェフを離れるとき。病に倒れたとき。日本を離れたとき。辛いことは少なくなかった。それでも日本にかかわり続けてくれたのは、肌をすり合わせるように彼に寄り添った人たちの存在があったからだろう。決してひとりではなかった。

ここに記せたのはそのごく一部の方々だ。インタビューした全員が「オシムさんのことですか」と座り直し、宝箱のような話を預けてくださった。こころより感謝したい。

彼らと過ごした日本が、オシムにとって監督として最後のキャリアになった。日本に「サッカーを文化として育てなさい」と伝えたかったに違いない。

「スポーツとは、育てるもの」の言葉を遺している。

育てるには、自分たちの負となる一面にも向き合って、リスクを冒す。そんな勇気と学ぶ情熱があれば、いつか見たことのない景色にたどり着ける。そんなオシムの思いが、脈々と繋がっていることを本書にて知っていただけると有難い。

オシムさんと会ったこともないのに？　と揶揄されるかもと委縮する気持ちを奮い起こして書いた。出版を引き受けてくださった竹書房、編集者の面々にはこの場を借りて御礼を申し上げる。

そして、いつも支えてくれる家族にも。夫は「この本は君にしか書けない」といつもの決め言葉で勇気を与えてくれた。激アツな欧州サッカーファンで週末は試合をしに出かける息子、オランダで日系企業に勤めながらコーチ修行に挑む娘。サッカー小僧2人の存在は、大きな励みになった。

8歳と5歳だった彼らを、夏の市原臨海競技場に連れて行ったことがある。試合前、息子がスタンドからあの方を発見して叫んだ。

「うわっ、オシムだ！」

息子の口を塞いで「こらっ、さん、をつけなさい」と慌てふためいていると、大きな背中を揺らして振り返ってくれた。笑顔の上に、果てしない空があった。

私が肉眼でその姿を見たのはその一度きりである。そんな話をいつか会えたら伝えたい。天国に行けるよう、徳を積もうと思う。

著者 PROFILE

島沢優子（しまざわ・ゆうこ）

ジャーナリスト。筑波大学卒業後、英国留学などを経て日刊スポーツ新聞社東京本社勤務。1993年～96年までジェフユナイテッド市原（現在は市原・千葉）を担当。98年よりフリー。スポーツ及び教育の現場を長く取材。著書に『スポーツ毒親　暴力・性虐待になぜわが子を差し出すのか』（文藝春秋）『世界を獲るノート　アスリートのインテリジェンス』（カンゼン）、『部活があぶない』（講談社現代新書）、『左手一本のシュート』（小学館）など。『サッカーで子どもをぐんぐん伸ばす11の魔法』をはじめ、ジェフで育成部長等を務めた池上正氏の著書8冊を企画構成した。公益財団法人日本バスケットボール協会インテグリティ委員、沖縄県部活動改革推進委員。

オシムの遺産《レガシー》
彼らに授けたもうひとつの言葉

二〇二三年五月八日初版第一刷発行
二〇二三年八月二五日初版第四刷発行

著　者：島沢優子
発行人：後藤明信
発行所：株式会社 竹書房
〒一〇二-〇〇七五
東京都千代田区三番町八番地一
三番町東急ビル六階
E-mail info@takeshobo.co.jp
URL http://www.takeshobo.co.jp

印刷所：共同印刷株式会社